나는 노동자다

슬기로운 노동자 생활

슬기로운 **노동자** 생활

나는 노동자 다!

민플러스 교육원 지음

노동조합은 노동자의 학교다. 노동조합은 누구도 가르쳐 주지 않았던, 어디서도 배울 수 없었던 슬기로운 노동자 생활을 알려준다. 노동조합 교육은 노동자로서의 세계관을 형성하게 하고, 노동자의 시각에서 사회를 인식하게 한다. 또한 노동조합 교육은 집단적으로 진행된다. 그래서 노동조합 교육을 통해 노동자는 사회와 역사의 주인으로 성장한다.

교육은 노동조합에서 매우 중요한 사업이다. 노동조합의 교육에 자그마한 보탬이 되고자 '나는 노동자다'를 발간하게 되었다.

'나는 노동자다'에는 노동운동의 기초적인 내용을 담았다. 특히 노동자의 처지와 노동운동의 역사, 그리고 노동자가 세상의 주인으로 발전하려는 지향에 주목했다.

1987년 노동자 대투쟁 이후 자주적인 민주노조가 대거 생기면서 노동자 교육이 본격화되었고, 많은 노동교재들이 앞다투어 출간되었다. 그때로 부터 많은 세월이 흘렀다. 시대가 발전하고 노동운동이 성장할수록 그에 맞게 교재가 달라져야 한다. 이 책은 시대의 변화와 노동운동 앞에 나서는 새로운 과제를 반영하고 있다.

노동자는 임금인상이나 근로조건 개선만으로 자기 운명을 바꿀 수 없다. 이 때문에 민주노조운동은 세상을 바꾸는 노동운동을 지향한다. 초기에 만들어진 노동자 교재는 노동조합의 역할을 임단협에 치중하고, 투쟁과 제를 노동의제에 국한한 약점이 있다. 이 책은 세상을 바꾸려는 변혁적 관점에서 노동운동의 기본 내용에 접근하고자 노력했다는 점에서 의의 가 있다.

이 시대 노동자는 미국 일극 패권 질서가 무너지는 대전환기에 살고 있 다. 국제질서가 다극화로 급속하게 재편되면서 전쟁위기, 경제위기가 심 화되고, 가진 자들은 전환기 고통을 노동자에게 전가하고 있다. 격변기, 대전환기에 민주노조운동은 새로운 도약을 요구한다. 무엇보다 집권을 위한 노동운동에서 그 답을 찾아야 한다. 이 책은 대전환기 노동운동의 새로운 지향점을 뚜렷이 했다.

책 '나는 노동자다'는 '1장 자본주의 역사, 2장 민주노총의 역사, 3장 노동기본권과 노동조합, 4장 분단과 통일, 5장 한국사회의 특징, 6장 노동자의 철학, 7장 간부론, 8장 노동운동의 과제, 부록 세계노동운동사'까지 총 9장으로 구성되어 있다.

이 책의 각 장은 서로 연결되어 있지만, 또 독립되어 있는 주제이다. 따라서 독자는 처음부터 읽어도 좋고, 순서없이 읽고 싶은 주제부터 골라서 읽어도 된다. 아무쪼록 학습과 토론, 인식 발전과 실천력 강화에 도움이 되기를 기대한다.

이 책은 필진들의 오랜 시간에 걸친 학습과 토론 그리고 반복된 현장 교육 경험을 토대로 작성되었다. 따라서 '나는 노동자다'는 교육 현장을 뜨겁게 달구었던 수많은 노동자들의 집단 지성이 응축된 결과이기도 하다. 이 과정을 함께 한 많은 노동자와 강사진, 필진에게 이 자리를 빌어 감사드린다.

2023년 4월 1일
필진을 대표하여 민플러스 교육원장 김장호

차례

자본주의
생로병사의 비밀

자본주의 역사

자본주의 생로병사의 비밀

우리가 살아가는 사회는 자본주의 사회이다.

그런데 자본주의에 대해서 잘 알고 있는 것 같기도 하고, 잘 모르기도 한다.

자본주의는 어떻게 생겨났고, 어떻게 나이 들어가고, 어떤 병을 앓고 있으며, 어떻게 죽어가는지를 생로병사에 빗대어 살펴보기로 한다.

'자봉이'와 '노동이'의 차이

자본주의 생로병사를 살펴보기 전에 먼저 자본주의 비밀 2가지를 알아본다.

'자봉이'는 자기 돈 200만원이 있었다. 가만히 살펴보니 운동화를 만들어 팔면 잘 팔릴 것 같았다. '자봉이'는 100만원어치 가죽을 사고, 1대에 100만원하는 미싱을 구입했다. 운동화 한 켤레 만드는데 필요한 가죽은 1만원이고, 100만원짜리 미싱으로는 100켤레를 만들 수 있었다(미싱은 운동화 100켤레를 만들면 자기 수명을 다한다). 따라서 100만원의 가죽과 100만원의 미싱으로 운동화 100켤레를 만들어 켤레당 4만원에 팔았더니 총 400만원을 벌었다. 여기서 순수익 200만원이 발생했다. 200만원의 수익은 오로지 '자봉이'의 노동 가치이다. 한 달 동안 일을 해서 운동화 100켤레를 만들어 팔 수 있으니 한 달 수입이 200만원인 셈이다.

가죽 100만원 + 미싱 100만원 + 노동 200만원 = 400만원

한 달 일을 해보니 재미가 쏠쏠하다. 머리를 굴렸다. 일하는 사람 한 명을 100만원에 고용하면 더 큰 이익을 보겠다는 계산이 생긴 것이다. 해서 '자봉이'는 200만원 어치의 가죽과 미싱 2대를 구입했다. 그리고 '노동이'에게 100만원 월급을 준다면서 고용했다. 2명이 운동화 200켤레를 만들어 팔았더니 총 800만원의 수익이 생겼다. 이를 '자봉이'와 '노동이'로 나누어 계산해 보자.

'자봉이'의 계산식은 전 달과 동일하다. 즉 '자봉이'는 한 달 200만원의 수익이 생겼다.

자봉이

가죽 100만원 + 미싱 100만원 + 노동 200만원 (a) = 400만원

(A)

그런데 '노동이'의 계산식은 좀 복잡해진다. '노동이'는 노동 200만원(a) 을 자기가 고스란히 가져가지 못한다. 월급 100만원에 고용되었기 때문 이다. 그래서 '노동이'의 수식은 아래와 같이 바뀐다. 100만원(b)은 자기 월급으로 가져가는 몫이다. 그럼 100만원(c)이 남는다. 이 100만원(c)은 누가 가져갈까? 고용주인 '자봉이'가 가져간다.

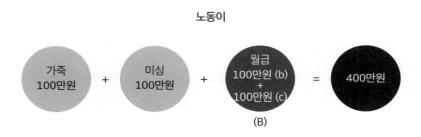

'자봉이'와 '노동이'는 똑같은 가죽으로, 똑같은 미싱으로, 똑같은 장소 에서 똑같은 노동시간에 똑같은 상품을 만들어서 팔았다. 그런데 '자봉 이'는 200만원에 100만원을 더해서 300만원의 수입이 생기고, 고용된 '노동이'는 똑같이 일을 했지만 100만원 밖에 수입이 생기지 않는다.
운동화 100켤레를 생산하는 데 들어간 노동의 가치는 200만원이다. 따 라서 '자봉이'는 자신의 노동의 가치만큼 가져가는 셈이 되고, '노동이'는 자신의 노동의 가치만큼 가져가지 못하는 셈이 된다. '노동이'가 가져가 지 못하는, 즉 빼앗기는 노동의 가치 100만원(c)은 '자봉이'의 수입이 된 다.

'자봉이'는 신이 났다. '자봉이'는 이런 식으로 '노동이2', '노동이3'을 고용해 공장의 규모를 키운다. 공장의 규모가 확대되어 '노동이100', '노동이1000'이 생긴다. 그러나 어느 누구도 자기 노동의 대가만큼 가져가지 못한다. 그들 노동의 대가 절반은 '자봉이'가 가져간다.

자본주의의 비밀 1 : 보이지 않는 착취

위와 같은 일들을 무엇이라고 할까?

'착취'라고 한다. '착취'는 자기 노동의 대가만큼 가져가지 못하는 현상을 일컫는 용어이다. '자봉이'는 '노동이들'을 착취하고, '노동이들'은 '자봉이'에게 착취당한다.

그런데 '노동이들'은 착취를 당한다고 생각하지 않는다. '자봉이'에게서 월급을 받기 때문이다. 오히려 '노동이들'에게 '자봉이'는 월급을 주는 고마운 존재로 인식된다. 이는 자본주의 착취구조가 갖는 특징이다.

봉건시대 착취 관계는 눈에 보인다.

지주는 농민에게 소작을 준다. 농민은 소작받은 토지에서 열심히 일을 해 100가마니를 수확했다. 농민의 노동 대가는 100가마니였고 그것은 농민의 눈에 보이는 대가였다. 지주 혹은 지주의 사주를 받은 마름이 와서 소작료라며 60가마니를 가져간다. 자신이 착취당하는 것이 눈에 보인다. 이렇듯 봉건적 착취는 눈에 보였다.

그러나 자본주의적 착취는 눈에 보이지 않는다. '노동이'가 만든 운동화

100켤레의 값에 해당하는 400만원이 '노동이'의 통장에 들어오지 않는다. '자봉이'의 통장에 들어갈 뿐이다. 따라서 '노동이'는 자신의 노동이 정확하게 어느 정도의 가치를 갖는지 알 수 없다. '자봉이'는 월급을 받을 뿐이며 이 월급을 자기 노동의 가치로 '착각'할 뿐이다.

자본주의의 비밀 2 : 경제 중심 사고의 지배

노동자들은 흔히들 말한다. "먹고 살기 힘들어 죽겠는데 무슨 정치냐?"라고. 당장 눈앞에 닥친 경제가 중요하지 정치는 중요하지 않고 관심없다는 말이다.

먹고 살기 힘든 이유는 두 가지로 요약된다. 첫째, 절대적인 재화의 부족이다. 즉 쌀과 운동화가 부족한 것이다. 둘째, 재화는 부족하지 않으나 내 주머니 사정이 여의치 않고 쌀과 운동화를 살 수 없는 경우이다.

먹고 사는데 필요한 재화를 만들어 내는 것이 경제이다. 앞서 사례로 제시했던 '자봉이'와 '노동이'의 운동화 생산 과정이 경제이다. 절대적인 재화의 부족이라면 경제 문제가 맞다. 그러나 우리가 살아가는 현대사회는 재화가 절대적으로 부족하지는 않다. 오히려 남아돌기조차 한다. 그것을 살 수 있는 여력이 있느냐 없느냐의 문제이다. 노동자들이 먹고 살기 힘든 이유는 먹고 살 재화가 없어서가 아니라 먹고 살 재화를 살 수 있는 여력, 즉 돈이 없기 때문이다.

재화를 살 수 있는 여력의 문제는 곧 재화의 분배라고 할 수 있다. 쌀과 운동화로 분배를 받든, 월급이라는 형태로 분배를 받든 결국 분배의 문제이다. 그런데 분배는 경제의 영역이 아니라 정치의 영역이다. 정치권력을 누가 쥐고 있느냐에 따라 분배가 달라지기 때문이다.

자본주의는 자본가들에게 분배를 많이 하는 정치가 지배하는 사회체제이다. 따라서 자본주의 정치체제 아래에서 노동자는 항상 먹고살기 힘들다. 즉 노동자가 먹고 살기 힘든 이유는 경제 때문이 아니라 정치 때문이다. 노동자들에게 정당한 분배가 이뤄지는 정치가 실행되어야 노동자들의 먹고 사는 문제는 해결된다.

따라서 노동자들이 "먹고 살기 힘든데 무슨 정치냐?"하는 것은 자본주의 정치체제가 유포시킨 착각에 불과하다. 먹고 살기 힘든 노동자는 정치에 주목해야 한다.

이제 본격적으로 자본주의 생로병사에 대해 알아본다.

자본주의의 탄생: 배신

자본주의는 자본가가 노동자를 고용하여 재화를 생산하고(경제행위), 재화를 분배하는(정치행위) 사회체제이다. 그리고 자본주의에서 자본가는 노동자를 착취한다. 착한 자본가는 존재할 수 있다. 그러나 착취하지 않는 자본가는 없다. 그 이윤의 원천은 노동자의 노동이기 때문이다. 반대로 착취당하지 않는 노동자도 존재하지 않는다. 자본가가 노동자를 고용하는 이유는 노동자의 노동에서 이윤이 발생하기 때문이다.

문제는 자본주의에서의 착취가 눈에 쉽게 보이지 않는다는 점이다. 그래서 경제가 더 중요한 것처럼 보이는 착시현상이 존재한다. 이런 자본주의는 어떻게 탄생하게 되었을까.

모든 사회체제는 그 체제가 감당할 수 없는 지경에 이를 만큼 정치경제적 모순이 심화되면 민중의 저항을 받아 결국 붕괴하고 새로운 사회체제가 등장하게 된다. 수백년 동안 존속해왔던 봉건적 사회체제는 17세기와 18세기를 거치면서 그 모순이 심화되었다.

1789년 프랑스혁명은 대표적 근대혁명으로 일컬어진다. 왕정을 타도하고 민주주의 체제가 등장하였고(물론 왕정이 복구되었다가 공화정이 재등장하는 과정이 반복되면서 오랜 시간이 걸렸다), 자본주의적 정치경제 체제가 등장했기 때문이다.

그림에서 보다시피 당시 프랑스는 왕과 성직자를 1신분으로 하고, 귀족을 2신분으로 하고, 노동자와 농민 그리고 상공인들을 3신분으로 하는 신분제 사회였다. 1신분과 2신분이 대다수 토지를 소유한 지주계급이었고, 제3신분은 농민이 다수를 차지하고 있는 봉건제 사회였다.

제1신분
왕·성직자 (약12만명)

제2신분
귀족 (약40만명)

제3신분
상공인 · 노동자 · 농민 (약2,450만명)

프랑스 신분제도

18세기 프랑스는 심각한 재정위

기에 직면하게 된다. 재정위기를 타개하기 위해 지배세력은 삼부회(1신분, 2신분, 3신분의 대표회의)를 소집하여 세금 문제를 논의하고, 1신분과 2신분은 결탁하여 세금부담을 3신분에게 전가시키려 한다. 이에 반발하여 3신분은 '프랑스 국민회의'를 결성하게 되고 이들의 투쟁으로 프랑스 왕정은 타도되고 프랑스 공화정이 수립된다. 이것이 '프랑스 대혁명'이다.

문제는 프랑스 혁명을 주도한 '프랑스 국민회의'의 주도세력이었다. 3신분은 노동자와 농민, 상공인들이었으나 '프랑스 국민회의'를 주도한 것은 상공인들이었다. 이들은 도시 안에 거주함으로써 혁명 정세를 파악하는 데 유리한 위치에 있었고 대부분이 교육을 받은 사람들었기 때문에 선전선동에 능하였다. 결국 이들이 '프랑스 국민회의'를 주도하게 되는 것은 당시 사회적 조건에서 당연한 것이었는지도 모른다.

부르주아(bourgeois)

성 안에 거주하는 사람들이라는 의미를 갖는 프랑스 단어이다. 노동자는 공장지대, 농민은 농촌지역에 살고 있었으나 제3신분 중 성안에 거주하는 사람들은 상공인들이었다. 따라서 부르주아는 상공인들을 의미하는 말로 통용되었으며, 이들이 주도한 혁명이었기 때문에 프랑스 혁명을 '부르주아 혁명'이라고 부른다. 그리고 이들 상공인이 나중에 자본가 계급을 형성하게 되며, 이 자본가 계급을 '부르주아 계급'이라고 부르게 된다.

그러나 이들 상공인들은 혁명 이후 노동자와 농민을 배신한다. '프랑스 국민회의'가 주도하여 프랑스 공화국을 선포한 후, 참정권을 '재산을 가진 사람들'로 국한시킴으로써 노동자와 농민을 정치에서 배제시킨 것이다.

프랑스 혁명은 제3신분이 주도하는 반봉건혁명이었다. 그러나 혁명과정에서 함께 투쟁했던 노동자와 농민을 배신하고 상공인들(부르주아)이 정치권력을 장악한 부르주아 혁명이었다. 원래대로 하자면 제3신분연합정권, 상공인노동자농민 연합정권이 세워졌어야 했다. 그러나 자본가는 노동자, 농민을 배제하고 권력을 독차지했다. 그리고 정치권력을 장악한 이들 부르주아들은 자신의 정치권력으로 자본주의체제를 만들고 공고화해간다. 결국 자본주의는 부르주아들이 노동자와 농민을 배신한 결과 탄생한 것이다.

상공인들이 프랑스 혁명에서 노동자와 농민을 배신하고 정치권력을 장악했다는 사실에 주목해야 한다. 이들은 자신이 장악한 정치권력으로 자신에게 유리한 사회체제를 형성해가기 시작했고 그것이 바로 자본주의였던 것이다. 따라서 사회체제의 문제는 경제문제가 아닌 정치문제임을 자본주의의 탄생 과정은 잘 보여준다.

자본주의의 성장 : 자본의 독점과 식민지 개척

부르주아 혁명을 통해 부르주아(상공인)는 자본가로 성장하게 되고, 그 결과 자본주의 사회체제로의 발전이 본격화된다. 자본주의는 자본가가 노동자를 착취하여 자본의 이익을 챙기는 사회체제이다. 이 과정에서 자본의 집중과 독점 현상이 발생한다.

다시 '자봉이'의 운동화 공장으로 가보자. 이 운동화 공장은 승승장구하여 '자봉이'는 노동자 100명을 거느린 대공장을 소유한다. 그런데 '자봉이'의 승승장구를 보면서 '자봉이2' 역시 운동화 공장을 만들고 노동자를 고용한다. 경제는 계속 성장하여 이같은 운동화 공장이 10개가 만들어진다. 즉 운동화 자본가 10명, 운동화 노동자 1000명인 자본주의 체제가 형성되는 것이다.

자봉이 1	자봉이 2	~	자봉이 9	자봉이 10
노동이 1 노동이 2 ~ 노동이 99 노동이 100	노동이 101 노동이 102 ~ 노동이 199 노동이 200		노동이 801 노동이 802 ~ 노동이 899 노동이 900	노동이 901 노동이 902 ~ 노동이 999 노동이 1000

자봉이1의 성공을 보고, 자봉이2가 공장을 짓고, 그것이 확산되어 자봉이 10이 공장을 짓는다. 여기에 노동자들의 고용도 1000명까지 확대된다. 이런 단계를 자본의 '자유경쟁 단계'라고 한다. 이 단계에서 10명의 운동

화 자본가는 모두 돈을 번다. 그러나 이런 '자유경쟁 단계'는 마냥 지속되지 않는다.

10개 운동화 회사가 동시에 다 잘 만들고 잘 팔고 항상 사업에 성공하지는 않는다. 누구는 질이 좋은 값싼 운동화를 만들어 번창하지만, 누구는 질이 안 좋은 운동화를 만들게 되어 잘 안 팔리고 도산하는 경우가 생긴다. 즉 어느 시점이 되면 경쟁력이 있는 공장은 살아남지만, 경쟁력이 없는 공장은 문을 닫는다. 결국 10개의 공장 중에서 5개는 살아남고 5개는 사라진다. 이때 살아남은 '자봉이'는 사라진 '자봉이'의 시설과 노동자를 일부 인수한다. 위험부담 때문에 전부 인수하지는 않는다. 즉 10명의 '자봉이'가 5명의 '자봉이'로 줄고, 1000명의 '노동이'는 600명의 '노동이'로 줄게된다. 이 단계를 '자본의 집중 단계'라 한다. 자본의 집중 단계에 이르면 파산하는 자본가가 생기게 되고 이들 중 일부는 새로운 사업을 시작한다. 또한 이 단계가 되면 일자리를 잃는 노동자들이 생기게 되고, 이들 중 일부는 새로운 일자리를 구하거나(운동화 공장이 아닌) 도시 빈민이 되기도 한다.

살아남은 '자봉이'의 경쟁은 더욱 치열해진다. 이들 중 1~2개의 공장만이 살아남고 나머지 3~4개의 공장 역시 문을 닫는다. 직장을 잃은 노동자들 중의 일부만이 살아남은 공장에 취업됨으로써 600명의 '노동이'는 250명의 '노동이'로 줄게 된다. 이 단계를 '자본의 독점 단계'라 부른다. 이로써 운동화 자본은 독점을 형성하게 된다.

물론 한국의 자본은 이같은 단계를 밟지 않았다. 해방 이후 일부 자본가들은 미군정에게서 적산(일본이 조선에 남겨놓은 재산)을 불하받아 대자본을 형성했다. 비슷하게 이승만 정권, 박정희 정권을 거치면서 '자유경쟁'을 통해 자산을 늘리는 것이 아니라 권력을 추종함으로써 자산을 늘려갔다. 이들이 한국의 재벌이다.

10개의 운동화 자본이 5개로 줄어들고 다시 2개의 자본만이 남게 되어 이들 2개의 운동화 자본은 독점을 형성하게 된다. 독점 단계에 이른 운동화 자본은 생산과 판매에서 무소불위의 권력을 쥐게 된다. 독점 자본이 가격을 올리더라도 소비자들은 다른 상품이 존재하지 않으므로 비싸게 물건을 살 수밖에 없게 된다.

그러나 자본의 탐욕은 끝이 없다. 독점 단계에 이르러 국내 시장을 석권한 운동화 자본은 새로운 시장을 찾아나서야 했다. 국내시장이 좁기 때문이다. 새로운 시장은 저렴한 노동력과 원자재 그리고 새로운 판매처를 제공할 것이다. 새로운 시장은 곧 식민지를 의미한다. 식민지 개척에 나서는 것이다. 서세동점의 역사에서 확인되듯이 식민지 개척은 막강한 군사력의 뒷받침이 있어야 한다. 즉 국가권력의 도움을 받아야 한다. 독점 단계에 이른 자본이 국가권력을 동원하여 식민지 개척에 나서는 독점자본주의 시대가 열렸다. 따라서 독점자본주의는 곧 제국주의를 의미한다. 자본은 독점의 단계에 이르면 필연적으로 식민지 개척에 나서게 되며, 이같은 국가 체제를 제국주의라고 부른다.

자본의
자유 경쟁 → 자본의
집중 → 자본의
독점 → 제국주의
침략

자본주의의 불치병 : 공황과 전쟁

자본주의는 자본운동의 속성상 불가피하게 두 개의 불치병을 갖게 된다.
공황과 전쟁이 그것이다.

앞서 우리는 자유경쟁하던 자본이 집중되고 독점되는 과정을 살펴보았
다. 자유경쟁 단계에서 생산과 고용은 증가한다. 고용이 증가하니 소비도
늘어난다. 공장은 더 많은 상품을 생산한다. 고용 역시 증대된다. 소위 경
기 활황기이다. 그러나 경기 활황이 무한정 지속되지 않는다. 자본이 집
중되고 독점되는 과정을 거치면서 판매가 줄어들고 기업 소득은 하락한
다. 기업은 고용을 줄이게 되고 파산하는 경우도 생긴다. 고용이 줄어드
니 소비는 하락한다. 상품은 판매되지 않고 재고량이 늘어나니 생산은
줄어든다. 고용 역시 더 줄어든다. 소비는 더욱 하락한다. 파산하는 기업
이 발생한다.

소비증대 → 생산력증대 → 기업수입증가 → 고용증대 → (경기상한점)

↓

공황 ← 기업파산 ← 기업수입하락 ← 소비하락 ← 고용감소 ← 판매축소

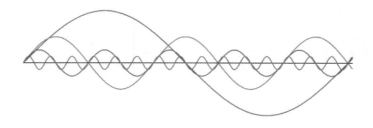

0 1 2 3 4 5 6 7 8 9 10 11 12 13 14 15 16 17 18 19 20 21 22 23 24 25 26 27 28 29 30 31 32 33 34 35 36 37 38 39 40 41 42 43 44 45 46 47 48 49 50
——Kondratieff　——Kuznets　——Juglar　——Kitchin

1929년 대공황도, 2008년 미국발 금융위기도 결국 이와 같은 메커니즘
의 결과였다. 위의 그림에서 보듯이 어떤 학자는 50년 주기(콘트라티에
프 파동), 어떤 학자는 4년 주기(키친 파동)를 주장하는 등 공황의 주기는
각각 다르나 공황의 발생 자체를 부인하는 경우는 없다.

공황이 발생한다는 것은 자본주의 모순이 심화된다는 것을 의미한다. 앞
서 우리는 자본이 독점 단계에 이르면 제국주의로 발전하여 그 위기와
모순을 해결해 간다고 지적한 바 있다. 그럼에도 불구하고 공황이 발생
한다는 것은 제국주의 즉 식민지 침략으로도 그 모순을 해결할 수 없다
는 것을 보여준다. 오히려 공황은 자본주의 국가들 간의 전쟁을 촉발시
킨다.

1차 세계대전은 제국주의 국가들 간의 전쟁이었다. 식민지는 한정되어
있다. 자본주의가 먼저 발달한 영국과 프랑스 등은 이미 많은 식민지를
보유하고 있었다. 그러나 뒤늦게 자본주의가 발달한 독일은 그 자신이

제국주의로 나아갈 때 침략할 식민지가 많지 않았다. 독일의 경우 거의 식민지를 보유하지 않았다. 이같은 국제체제에 불만을 품은 독일이 선발 제국주의 국가들을 상대로 벌인 전쟁이 1차 세계대전이었다.

2차 세계대전은 공황이 직접적 원인이 되었다. 1929년 대공황은 세계 자본주의 모든 국가들을 휩쓴 말그대로 '대공황'이었다. 모든 나라들이 경제침체를 겪었다. 그 중 가장 심각한 경제침체를 겪고 있던 나라는 1차 세계대전 패전국인 독일이었다. 패전국의 신분에서 승전국들에게 막대한 배상금을 물고 있던 독일은 대공황의 가장 심각한 타격을 받았다. 이같은 상황을 틈타 히틀러의 나치당이 집권을 하게 되었고 나치는 전쟁을 통해 경제 위기를 극복하려 했다. 2차 세계대전은 이렇게 발발하였다.

그러고 보면 자본주의 그리고 그 발전단계인 제국주의는 정상적인 발전 과정에서도 전쟁을 불러오고(1차 세계대전), 공황이라는 불치병에 걸렸을 때도 전쟁을 불러오는(2차 세계대전), 전쟁유발체제라고 봐도 무방하다.

일본 역시 경제공황을 타개하는 과정에서 2차 세계대전을 일으켰다는 점에서 독일과 유사하다. 일본은 독일과 마찬가지로 후발 자본주의 국가였다. 그러나 일본은 1차 세계대전에서 전승국이 되어 독일과 반대의 처지였다. 독일이 차지하고 있던 산둥반도 지역을 점령함으로써 1차 세계대전의 수혜국이 된 것이다. 그러나 일본 역시 대공황의 위기를 전쟁으로 극복하려 하였다. 1931년 만주침략, 1937년 중일전쟁, 이후 태평양전쟁 즉 2차 세계대전이 그것이다.

제국주의의 몰락

자본주의는 제국주의로 발전한다. 영국이 가장 먼저 발전했고, 프랑스가
그 뒤를 이었다. 그러나 영국과 프랑스는 1차 세계대전과 2차 세계대전을
통해 미국에게 제국의 패권적 지위를 넘겨주어야 했다.

모든 자본주의는 제국주의로 발전하는가?

자본주의가 제국주의로 발전한다고 하니 의문이 생긴다. 지구상의 모든 자
본주의 국가는 제국주의로 발전하는가? 즉 한국 자본주의도 발전하면 제국
주의가 되는가?

그렇지 않다. 미국, 영국, 프랑스 등이 자본주의에서 제국주의로 발전한 나라
들이다. 이들은 자기들 외의 자본주의 국가가 제국주의로 발전하기를 바라
지 않는다. 자원은 한정되어 있고 침략을 해야 할 지역 역시 한정되어 있기
때문이다. 이들이 유엔안보리를 틀어쥐고, 핵독점체제를 형성하고, IMF 등
세계금융기구를 좌지우지하는 이유는 제국주의 지위를 그들이 독점하기 위
해서다.

제국주의가 자본주의의 최고단계라면, 미제국주의는 제국주의의 최후

국가이다. 영국에서 시작된 제국주의의 역사는 20세기 접어들어 세 국가로부터 도전을 받아왔다. 독일과 일본, 미국이 그들이다. 독일과 일본은 전쟁을 벌여 제국주의적 패권을 거머쥐려 했다. 그러나 이들의 기획은 실패했다. 기존 패권국인 영국과 패권도전국인 독일과 일본의 전쟁 과정에서 미국이 혜성처럼 등장하여 제국주의적 패권을 거머쥐었다.

미국이 패권을 거머쥘 수 있었던 이유는 세 가지 요인 때문이었다. 첫째, 기존 패권국인 영국도, 패권도전국인 독일과 일본도 전쟁으로 인해 국력이 쇠퇴하였다. 둘째, 미국은 전쟁의 피해를 전혀 입지 않은 유일한 자본주의 국가였다. 셋째, 미국은 양차 세계대전을 통해 막대한 군사물자를 수출함으로써 경제적 부를 거머쥐었다.

새로운 패권적 지위에 오르게 된 미국은 영국과 프랑스 등 승전국과 독일과 일본 등 패전국을 모두 자신의 휘하에 거느리게 되었다. 소위 '새끼 제국주의'를 둔 것이다. 소련과의 냉전적 대결이 정치적 명분이 되었다. 그리고 케인즈주의, 신자유주의 등 그 형태를 바꾸면서 자본주의 체제를 유지, 존속시켜왔다.

케인즈주의와 신자유주의

케인즈주의는 공황으로 인한 경제 폐해를 극복하기 위해 정부가 적극적인 재정정책을 펼치는 것을 의미한다. 대공황 시기 미국의 루즈벨트는 국가예산을 동원하여 테네시강에 댐을 건설하는 대공사를 시작했다. 뉴딜정책이라고 불리우는 이 대공사는 7개 주에 흐르는 테네시강에 27개의 댐을 건설함으로써, 기업들에게 건설 경기를 일으켜주고, 노동자들에게 일자리를 제공하는 정책이었다. 이와 같이 미국 정부를 중심으로, 공황으로 인한 경제 위기를 정부의 적극적인 재정정책으로 해결하려는 시도를 케인즈주의라고 한다. 그러나 케인즈주의 역시 1970년대 오일 파동과 그로 인한 경제공황을 막을 수 없었다. 결국 자본의 위기를 극복할 수 없음을 드러낸 것이다. 그 결과 모색된 것이 신자유주의 정책이었다. 정부가 경제에 개입할 필요가 없으며 자유로운 기업활동을 보장해야 한다는 것이다. 자본주의 초기의 자유주의와 구분하기 위해 이같은 정책을 신자유주의라고 부른다. 초기 자유주의가 산업자본의 자유를 추구했다면, 신자유주의는 금융자본의 자유를 추구했다. 이 정책은 미국에서 레이거노미즘, 영국에서 대처리즘으로 구체화되었다.

21세기는 신자유주의 역시 경제 위기를 극복하기는커녕 새로운 공황을 발생시키고 있다는 것을 보여주었다. 2008년 미국발 금융위기가 그 대표적 사례이다. 따라서 경제의 불치병인 공황을 극복하기 위한 케인즈주의적 시도도, 신자유주의적 시도도 실패한 셈이다.

따라서 미제국주의의 몰락은 곧 자본주의의 몰락을 의미하며 미제국주의의 소멸은 곧 자본주의체제의 붕괴를 의미한다. 미제국의 몰락은 '새끼 제국'의 동반 몰락을 의미한다. 따라서 미제국주의가 몰락하면 또 다른 자본주의 국가가 등장하고 새로운 제국주의가 등장하는 순환적 패턴을 그리지 않는다. 봉건주의를 몰락시켰던 힘이 또 다른 봉건주의를 탄생시키지 않고 자본주의라는 새로운 체제를 등장시켰던 것처럼, 제국주의를 몰락시키는 힘은 또 다른 제국주의를 탄생시키지 않고 새로운 사회 체제를 형성하게 될 것이다.

문제의 핵심은 미제국주의가 몰락하는가 여부이다. 미제국주의의 몰락 여부는 군사적, 정치적, 경제적 차원으로 면밀히 검토해야 한다.

첫째, 미제국의 패권 위기는 군사 분야에서 본격화되고 있다. 미국은 핵 독점체제를 유지함으로써 그리고 영국, 프랑스는 말할 것도 없고 중국과 소련(후의 러시아) 역시 이같은 체제에 순응함으로써 미국의 군사적 패권이 유지되어 왔다. 그러나 북한 등과 같이 미국의 반대에도 불구하고 핵무기를 개발하는 국가가 있는가 하면 최근 우크라이나 사태에서 확인되듯이 러시아는 미국의 군사적 팽창 정책에 정면으로 맞서고 있다. 이 같은 흐름은 중국의 맞대응에서 보듯이 아시아에서도 연출되고 있다.

둘째, 정치 분야에서도 미국 패권의 몰락은 가속화되고 있다. 우선 미국식 민주주의가 위기에 처하고 있다. 세계최고의 빈부격차, 심각한 인종차별, 최고의 수감자율, 총기사건, 마약범죄, 대통령 선거 부정투표 논란과 국회의사당 점거사건 등으로 이제는 미국식 민주주의와 인권에 대해서 등을 돌리고 있다.

또한 우크라이나 사태에 대한 미국주도의 대러시아 제재에 전세계적으로 50여개 국가만이 참여하고 있다. 미국의 강력한 동맹국들인 이스라엘, 사우디아라비아, 인도 등의 나라들이 미국의 정책에 동조하지 않고 오히려 러시아, 중국에 접근하고 있다.

독일과 같은 유럽 국가들 역시 미국의 대러제재에 적극적으로 동참하지 않고 있는 실정이다. 많은 유럽 국가들이 러시아로부터 천연가스를 수입하고 있는데, 대러제재로 인해 오히려 유럽이 더 고통받고 있기 때문이다.

미국의 정치적 권위를 뒷받침했던 유엔안보리의 기능 역시 사실상 소멸되었다. 미국이 유엔안보리를 통해 추진하는 모든 사안에 거부권을 행사하기 때문이다. 그 단적인 사례가 북한의 ICBM 발사에 대해 미국이 유엔안보리 제재를 추진하자 중국과 러시아가 반대를 한 것이다. 유엔안보리가 분쟁을 해결하는 시대는 종말했다. 미국의 가장 대표적인 정치적 패권 유지 기구가 제 기능을 발휘하지 못하고 있는 것이다.

셋째, 미국 중심의 세계경제질서는 사실상 해체되었다. IMF(국제통화기금)와 IBRD(세계은행) 등의 기능이 유명무실화된지 오래이다. 1995년 미국이 야심차게 출발시켰던 WTO(세계무역기구) 역시 존재감을 상실한지 오래이다.

오히려 브릭스(BRICS)가 강화되고 있다. 브라질, 러시아, 인도, 중국, 남아프리카공화국이 함께하는 브릭스는 세계인구의 42%(33억), 영토의 27%, 세계GDP의 32%를 차지하는 거대경제규모이다. 여기에 사우디아라비아, 아르헨티나 등이 가입을 요청중이고, 지난 브릭스 정상회의에는 18개국이 참가하여 브릭스 플러스로 발전하는 양상이다.

미국 경제 패권의 또 하나의 축이었던 기축통화로서의 달러의 지위 역시 하락하고 있다. 중국과 러시아는 브릭스를 기반으로 달러를 대체하는 새로운 국제화폐체제를 만들겠다고 공언하고 있다. 이렇게 되면 달러패권이 무너지고 달러가치가 급락하게 된다. 이로 인해 미국을 지탱하는 미국 국채가격이 하락할 뿐만 아니라 미국채를 포함하는 달러표시자산에 대해 투매를 시작할 수 있다. 이것은 곧 달러의 붕괴를 의미하며, 미국의 붕괴를 의미한다.

그럼에도 불구하고 드러나는 현상을 보면 여전히 미국의 패권적 지위는 막강해 보인다. 그러나 이것 또한 착시현상의 하나이다. 우리 언론과 지식사회는 거의 완벽하게 미국의 영향력 아래 놓여있다. 미국에서 생산된 기사와 연구가 그대로 우리 사회에 전파된다. 그러다 보니 미국 패권 몰락의 실체가 정확하게 전달되지 않는다. 이는 마치 1940년대 만주에서 항일운동하던 세력들은 일본의 몰락을 예상하여 광복의 대사변을 준비했으나, 국내 지식인들은 일본의 지배가 200년 이상 지속될 것이라고 믿었던 현상과 유사하다.

물론 미국 패권의 몰락이 하루아침에 일어나지는 않는다. 그러나 두 가지만은 분명하다. 첫째, 전세계에서 반제반미투쟁이 활발해져야 미국 패권 몰락 시기를 앞당길 수 있다. 둘째, 미국의 제국적 패권을 몰락시켜야만 노동자 민중의 새로운 시대는 가능하다.

한국의 자본주의와 노동운동의 과제

한국 사회는 자본주의 사회이므로 자본주의의 일반적 성격을 갖는다. 즉 자본가들이 노동자를 착취하고, 한국의 정치가 자본가들의 이익을 위해 작동하고 있다.

그러나 한국의 자본주의는 정상적인 생로병사의 경로와 다르다는 점에 유의해야 한다.
한국 자본주의는 상공인, 노동자, 농민의 투쟁으로 형성되지 않았다. 일본제국주의에 의해 그리고 미제국주의에 의해 이식된 자본주의였다. 따라서 국내 자본가가 정치권력을 장악한 것이 아니라 제국주의가 정치권력을 장악했다. 국내 자본가들은 일제 강점기엔 조선총독부에, 미제 강점기엔 미국 자본과 사대매국정권에 종속되어 있었다. 이로 인해 한국 자본주의는 정상적인 생로병사의 과정을 밟는 다른 자본주의 국가들과는 다른 특수한 성격을 갖게 되었다.

또한 한국 사회는 분단이라는 특수한 정치적 환경을 갖고 있다. 분단모순이 자본주의 모순을 가리는 현상들이 나타난다. 해방 후 노동운동은 '빨갱이'라는 이름으로 탄압받아 붕괴되었고, 분단반세기 동안 암흑기를 지낸 것 역시 노동운동을 '체제전복세력의 불순한 기도'로 여긴 폭압 때문이었다. 지금도 역시 그 장구한 투쟁의 역사 속에서도 초보적인 노동3권을 보장받지 못하고 기울어진 운동장에 놓여 있다. 나아가 노동운동이 발전하면 발전할수록 '친북좌경세력'이라는 공세는 더욱더 거셀 것이다. 한국노동운동이 정상적으로 발전하려면 먼저 분단예속체제부터 제거해야 하는 이유가 여기에 있다.

이같은 한국 자본주의의 특성으로 인해 한국 노동운동은 세 가지의 과제를 동시에 갖게 된다. 자본주의 일반적 특성으로 인해 제기되는 민주화의 과제, 미제국주의 지배로 인해 제기되는 자주화의 과제, 그리고 분단으로 인해 제기되는 통일의 과제가 그것이다. 자주화, 민주화, 통일을 실현하기 위한 과제가 노동운동에 제기된다.

2장

노동자의 길,
민주노총 역사가 되다

민주노총의 역사

1. 원산 총파업과 전평 총파업

100여 년 전부터 이 땅에 등장한 노동계급은 일제 침략이 본격화되는 시기에 하나의 계급으로 등장하기 시작하였다. 1987년 노동자 대투쟁이 폭발하기 이전에도 무수한 노동자들의 투쟁이 전개되었지만 그중 원산 총파업과 전평 총파업에 대해서 알아본다.

원산 총파업

1929년에 발생한 원산 총파업은 1920년대 조선노동운동사의 백미였다. 원산 총파업은 대공황이 세계를 휩쓸던 시기에 발생하였다. 당시 원산노동연합회(이하 원산노련)는 원산지역 노동자의 90%를 망라한 강력한 조직이었다.

문평 제유공장에서 일본인 관리자들이 조선인 노동자를 구타하는 사건이 발생했다. 원산노련은 이에 대한 처벌과 임금 인상을 요구하는 총파업에 돌입하면서 시작되었다. 자본가는 국제통운의 450여 노동자 전원 해고했지만, 2천여 명이 참여하는 지역 총파업으로 확산하였다.

원산의 자본가 집단은 원산노련을 와해하기로 하고, 외지에서 노동자들을 모집하여 수송하는가 하면 폭력단을 조직하였다. 그리고 일제 경찰들과 합작하여 파업지도부를 검속했다. 2월 7일에는 협박, 폭력 등의 죄목으로 원산노련의 김경식 위원장을 구속했다.

노동자들은 위원장 구속 후에도 새로운 간부를 보충하고 식사를 하루 두 끼로 줄였다. 어려워진 형편에서도 눈물겨운 투쟁을 계속했다. 전국 각지의 노동조합과 사회단체들은 원산 노동자들을 지원하기 위한 성금 및 격려 전문을 뿌리고 함께 투쟁하였다. 소련, 일본, 프랑스 등지의 노동단체 및 노동자도 격려 전보 등으로 고무하고 일본의 고베, 오타루 부두 노동자들은 동맹파업으로 지지하였다.

일제는 군대를 출동 대기시키고 원산노련을 비방 중상하며, 폭력단을 동원하여 공포 분위기를 조성하면서 '함남노동회'라는 어용 조직을 결성했다. 일제의 책동에 김태영을 중심으로 한 새로운 집행부가 자본가 집단의 요구에 투항적 태도를 보였으나 파업노동자들은 투쟁을 계속하면서 가두 시위와 격렬한 투쟁으로 대응했다. 기회주의적인 새 집행부가 무조건 파업 중지, 복귀를 결정함에 따라 84일간 진행된 원산 총파업은 종료되었다.

원산 총파업은 비록 실패하였지만, 노동계급이 반일 민족해방투쟁의 주역으로 등장했음을 과시한 투쟁이었다. 그 지속성, 강인성, 격렬성, 조직성에서 우리나라뿐만 아니라 세계노동 운동사에서도 보기 드문 역사적 투쟁이었다.

일제 강점기 노동자 투쟁은 임금이나 근로조건 개선 등 생존권 문제를 포함해 일본 제국주의의 무한 수탈과 착취에 맞선 민족해방투쟁이었다. 조선의 노동자는 1930년대 이후 적색노조 운동으로, 1930년대 중반 이후에는 항일무장투쟁, 반일 전민항쟁으로 나서게 되는데, 원산 총파업은 반일 민족해방투쟁을 여는 역사적인 투쟁이었다.

전평 총파업

해방 직후 불과 3개월 만에 노동조합의 전국중앙조직이 건설되었다. 1945년 11월 5~6일, 경성(서울) 중앙극장에서 16개 전국적 산업별 단일 노조를 대표하는 515명의 대의원이 모여 조선노동조합전국평의회(이하 전평)를 결성하였다.

전평 산하에는 금속공업, 섬유, 토건, 철도, 전기, 출판, 식료, 광산, 목재, 조선업, 교통, 운수노조 등 16개 산업별 노조가 소속됐다. 서울과 군산, 인천, 대전, 광주, 마산, 목포 등 전국 11개 도시에 지방평의회가 조직됐다.

이 대회는 최저임금제의 확립, 8시간 노동제, 동일노동에 대한 동일임금 지급 등 20개 조에 달하는 '일반 행동강령'을 채택했다. 전평은 출범 당시 21만 7,073명의 조합원을 포괄하고 있었고, 3개월 뒤에는 57만 4,479명으로 조직을 확대했다.

전평은 자주적 노동조합 활동과 더불어 일제가 남기고 간 적산을 접수하여 자주관리를 시작했다. 또한 지역인민위원회를 주도하며 사실상 정권의 주인으로 해방 조국을 운영하고 있었다. 그러나 미군정이 들어오면서 모든 것이 달라졌다. 미군정은 남한에 점령군으로 들어와 인민위원회, 자주관리, 전평을 모두 부정했다.

인민위원회를 강제해산하고, 자주관리하던 적산은 도로 미군정청에 귀속되었으며, 전평은 모진 탄압을 받았다. 게다가 미군정이 화폐를 남발하고 미곡을 강제 공출하면서 민생은 파탄 지경에 이르렀다. 이에 대항하여 전평은 미군정에 맞서 4차례 총파업을 단행했다.

첫 번째 총파업은 46년 9월에 일어났다.

9월 13일 3,000여 명의 서울 용산 철도국 경성공장 노조원들은 점심 제공, 일급제 폐지와 월급제 시행, 미곡 가격에 상응하는 임금 인상, 식량 배급 등의 요구조건을 내걸고 투쟁에 돌입했다.

이 파업은 전국 단위로 확산하여 9월 23일 오전 9시 남한의 모든 열차 운행이 중단되었다. 26일 출판노동조합 1,277명과 대구우편국 노동자 400명, 27일 서울중앙우편국 600명과 중앙전화국 1,000명이 파업에 돌입했으며, 교통, 체신, 식료, 전기, 토건, 조선, 금속, 해운 등 전평 산하 산별 노조원들이 파업에 대거 동참하였다.

각급 학교 학생들도 국립대학안을 반대하며 동맹휴학에 들어감으로써 파업은 더욱 대대적인 성격을 띠게 되었다. 노동자들은 식량 배급, 임금

인상, 전재민과 실업자에게 주택을 제공하라는 등의 경제적 요구와 함께 노동운동의 자유, 테러의 배격, 이북과 같은 노동법의 시행, 민주주의 인사에 대한 체포금지, 판매 금지 중인 신문의 복간 등 정치적인 요구도 함께 내걸었다.

9월 30일 새벽 5시, 미군정은 총파업의 거점인 서울철도 파업단에 기관총으로 무장한 경관 2천여 명을 투입했다. 이어 대한노총(현 한국노총), 대한민청, 독립촉성회 등 반공 우익청년단 1천여 명도 가세하여 노동자들을 상대로 유혈진압을 감행했고, 그 결과 노조간부 3명이 사망하고 수백 명이 다쳤으며 1,700여 명이 연행되었다.

그러나 파업은 대구지역으로 확산하여 대규모 민중항쟁으로 발전했다. 10월 1일 대구의 대규모 시위를 시작으로 민중항쟁은 경상도 전역은 물론, 충청·전라·강원·경기도 등 200여만 명이 참가하는 10월 항쟁으로 폭발했다. 이 투쟁은 약 2개월 동안 남한 전역을 뒤흔들었다.

1947년 3월 22일 두 번째 총파업이 시작되었다.

1947년 초 전평은 제2회 전국대회를 열고 재도약을 꾀했다. 첫 번째 총파업으로 엄청난 타격을 받았지만, 지하에서 숨죽이고 있을 수는 없었다. 미군정은 전평 대회가 무허가 집회라는 이유로 허성택 위원장을 비롯해 간부 51명을 무더기로 검거했다. 제주도에서는 3만 명이 모인 삼일절 기념대회에서 경찰 발포사건이 발생하고, 이에 항의하는 3·10 민관총파업이 전개되고 있었다.

전평은 다시 전국적 총파업을 결단한다. 9월 총파업과 10월항쟁으로 수천여 열성 조합원이 구속되거나 해고되어 조직이 붕괴 상태에 이르렀음에도 총력 파업을 감행한 것은 미국과 이승만 일당의 남한 단독정부 수립 책동에 대한 반발이었다.

경찰은 3월 총파업과 관련해 2천여 명을 검거했다. 3월 총파업 참가 인원은 20여만 명으로 30여만 명이 참여한 9월 총파업에 비해 참가 인원은 적었으나 더 큰 충격과 파장을 일으켰다. 미군정은 1947년 6월 "정치색을 띤 노동조합은 정당한 단체로 인정하지 않는다"라고 선언하며 전평을 불법화했다.

세 번째 총파업은 48년 2.7 구국투쟁이었다.

1948년 1월 7일 분단을 획책하기 위해 유엔조선위원단이 방한하자 전평은 2월 7일 '유엔조선위원단 항의 남조선 총파업위원회'를 조직하였다. 이 총파업위원회는 '토지의 무상몰수, 무상분배, 적산과 중요 산업의 국유화와 인민의 관리' 등의 요구와 '단선단정 반대와 외국 군대 철퇴 하 통일된 자주정부 수립' 등 요구가 담긴 「총파업 선언서」와 「항의서」를 유엔조선위원단에 보냈다. 공장과 기업체에서 파업이 일어났고, 학교는 동맹휴학을 단행했다.

2월 7일부터 9일까지 3일간 진행된 전국적인 투쟁에는 파업 80,471명, 동맹휴학 53,357명, 시위 575,119명, 집회 729,407명, 봉화 29,588명 등 약

150만 명이 동참하였다. 미군정의 무자비한 탄압으로 57명이 사망하고, 146명이 중경상을 입었으며, 10,854명이 검거되었다.

네 번째 총파업은 48년 5·8 총파업이었다.

2월 26일 미국이 주도하는 유엔 소총회는 남한지역만의 단독 선거와 단독정부 수립을 결정했다. 이에 반대하던 전평은 2·7총파업의 실패와 그로 인한 조직의 피해에도 불구하고, 5·10 단독선거에 반대하여 5·8 총파업에 나섰다. 하지만 미군정의 탄압으로 와해 지경에 이른 전평은 위력을 발휘할 수 없었다. 산발적으로 일어난 파업과 시위는 경찰, 우익청년단, 대한노총의 폭력 앞에 힘을 쓰지 못하였다.

전평 파업은 해방된 조국을 강제 점령한 미군정과의 투쟁이었다. 남한 단독정부 수립을 반대하고 통일독립국가를 건설하고자 하는 자주통일투쟁이었다. 친일파를 청산하고 노동자 민중들이 잘 사는 자주적이고 민주적인 개혁을 요구하는 변혁투쟁이었다. 이 과제는 의연히 지금도 남아 있다.

2. 87년 노동자 대투쟁

"노동자도 인간이다. 인간답게 살아보자!"

87년 노동자들의 투쟁이 활화산처럼 폭발하였다. 87년 6월항쟁 직후 7월
에서 9월까지 노동자들의 투쟁은 전국을 뒤흔들었다.

7월 5일, 자본의 심장부라는 울산 현대엔진에서 첫 민주노동조합의 깃발
이 올랐다. 그리고 연이어 현대미포조선, 현대자동차, 현대중공업 등 현
대그룹 전체로 투쟁이 확산하였다. 노동자 투쟁은 삽시간에 부산, 마산,
창원, 구로, 인천 등 노동자 밀집 지역으로 들불처럼 퍼져나갔다.

87년의 파업은 대공장에서 중소기업으로, 중화학공업에서 경공업으로
확산하고, 광공업과 운수, 부두, 그리고 판매서비스직, 사무전문직 등 전
산업으로 전파되었다. 노동자 파업 투쟁은 한반도 남녘을 집어삼키며 매
일 수십 건씩 벌어졌다. 7, 8, 9월 석 달에 걸친 대투쟁은 최근 수십 년 투
쟁을 다 합친 수와 비슷한 3,458건이었다. 지역, 산업, 사업장 규모를 불
문하고 벌어진 대파업 투쟁이었고 기회만 있으면 사업장 벽을 넘어 거리
시위, 광장집회로 떨쳐 나와 계급적 연대의 꽃을 피웠다. 한국 노동자 계

급이 형성된 이래 최대 규모의 파업 투쟁이자 노동자 대항쟁이었다.

정부는 탄압에 매진했다. 먼저 '외부 좌경 세력의 불법 개입이 노동쟁의를 확산시키고 있다'고 매도했다. 그리고 경찰 최루탄에 맞아 사망한 대우조선 이석규 열사 장례식을 폭력 진압하며 933명을 연행하고 67명을 구속하는 만행을 저질렀다. 현대중공업과 대우자동차에도 전투경찰을 투입하고 노동자를 대거 구속하는 등 강경 탄압이 전국의 파업 현장을 덮쳤다. 그러나 무자비한 공권력에도 노동자의 투쟁은 사그라지지 않았다.

파업 중 절반은 노동조합이 없는 현장에서 벌어졌다. 한 명의 노동자가 주먹을 치켜들고 '우리도 나가자!'라고 외치면, 수많은 노동자가 생산을 멈추고 어깨 걸고 파업 대오에 참여했다. 어용노조가 있는 현장도 '어용노조 물러가라'를 외치며 떨쳐나섰다. '어용노조 물러가라'는 구호는 이후 '민주노조 건설하자'로 바뀌었다.

87년 노동자 대투쟁은 '선투쟁 후협상', 선제적 투쟁방식이 대세였다. 실제 1987년 노동쟁의 3,749건 가운데 94.1%가 불법 쟁의행위로 기록되었다. 쟁의 발생 신고나 냉각기간은 무시되었다. 현장을 먼저 점거하며 파업 농성 투쟁을 시작한 후에 협상에 들어가는 것이 가장 일반적인 투쟁 양식이었다.

법 절차를 훌쩍 뛰어넘어 파업으로, 농성 투쟁으로, 가두시위로 떨쳐나선 노동자의 기세는 정권과 자본가에게 생전 겪어보지 못한 공포와 불안을 던져주었다. '교섭 좀 해달라'는 수동적 요구가 아니라 투쟁 기세로 정권과 자본을 협상장으로 끌고 나왔다.

87년 7월 5일, 현대엔진 노동조합 결성을 시작으로 약 한 달 만인 8월 8일 '현대그룹노동조합협의회(이후 현총련)'가 출범하였다. 당시 최대 재벌이었던 현대그룹에 전광석화처럼 노동자의 단일조직이 만들어졌다. 현총련은 현대그룹 차원의 공동교섭을 요구했다. 엄청난 도전에 직면한 현대자본은 허둥대며 시간끌기에 골몰하였다. 정권과 현대자본은 공권력을 투입했으나 현총련의 노동자 대오는 이를 무력화하고 가두시위를 벌이며 울산 공설운동장에 집결했다. 4만 노동자의 단결투쟁은 결국 승리로 귀결되었다.

울산 현대중공업 노동자들이 파업 투쟁을 위해 집결하고 있는 모습

사진제공 : 금속노조

87년 대투쟁 직후 노동자들은 자주적 민주노조를 대대적으로 건설했다. 1987년부터 2016년까지 약 20년 동안 울산지역에서 건설된 노동조합이 약 2천8백 개였다. 이 중 87~89년 3년 동안 건설된 노조 수가 절반이 넘는 1,650개이다. 87년 대투쟁 시작 이후 단기간에 얼마나 폭발적인 노동조합 건설 투쟁이 전개되었는지 알 수 있다.

87년 노동자 대투쟁은 한국 노동자의 인간선언이었다. 이전까지 노동자는 '공돌이·공순이'로 불렸다. 87년 노동자 대투쟁은 노동자들이 '인간'임을 선언했다. 한국의 노동자 계급은 주면 주는 대로 받고, 시키면 시키는 대로 일하는 노예가 아니었다. 자기 운명의 주인, 사회와 역사의 주인으로 등장하기 시작하였다.

87년 대투쟁을 지나면서 노동운동은 질적 도약을 이룩했다. 87년 파업투쟁은 노동자의 의식 발전을 가져온 혁명적 학교였다. 한국 노동자는 단순한 현장의 억압뿐만 아니라 한국 사회의 잘못된 노동체제, 정치체제, 경제체제를 꿰뚫어 보기 시작했다.

87년 대투쟁으로 노동자들은 조직적으로 결집했다. 이제 노동자들은 자본과 정권에 의해 일방적으로 짓눌리고 착취당해온 나약한 개개인이 아니었다. 민주노조로 조직되고 민중들과 연대하며 사회정치적 권리 확대를 위해 투쟁하는 새로운 '노동자 계급'이 탄생하는 순간이었다.

3. 민주노총 건설

김영삼 정부의 노동 탄압

문민정부 간판을 들고 등장한 김영삼 정부는 '국가경쟁력 강화'를 내세우며 임금 억제, 노동 통제를 강화하고 한편으로는 노사협조주의를 유포하는 정책을 폈다. 김영삼 정권은 '신 노사관계'에 따른 '노사관계개혁위원회'를 설치하고 민주노조운동 진영에 대한 탄압과 포섭 공세를 본격적으로 전개하였다.

이와 함께 동구 사회주의권의 몰락을 지켜본 국내외 자본진영은 '자본주의여 영원하라!'를 외치며 노동에 대한 반격에 혈안이 되었다. 당시 한국경제는 3저 호황 거품이 꺼지면서 전반적인 산업 구조조정과 총체적인 고용불안이 발생하고 있었다. 또한 사상 최대의 부도 사태에 직면해 있었다. 1992년 10,769개 업체, 1993년 중소기업 1만여 개 업체가 파산하였다.

한편, 파견근로 형태의 불안정 고용이 여러 산업으로 확산하였다. 자본은 노동비용을 절감하고 강력하게 발전하고 있던 노동조합의 조직력과 교섭력을 약화하려고 파견근로 형태를 적극적으로 도입했다. 실제 1987년 노동자들이 투쟁으로 진출하기 시작한 이후, 파견근로 형태의 고용이 증권·보험업에 도입되었고 이것이 노동자의 교섭력을 무력화하는 결과를 가져왔다. 자본의 파견법 제정에 대한 요구는 거셌다. 김영삼 정부는 결국 파견법 제정을 추진하였다.

민주노총 건설을 향한 총력 투쟁

87년 대투쟁 이후 확대되던 민주노조의 단결 추세는 대우조선, 포항제철, 만도기계, 아세아자동차 등 대공장에 민주노조 깃발이 오르면서 1980년 말, '대기업노동조합연대회의' 구성으로 전진했다.

대공장에 세워진 민주노조 깃발은 정권과 자본을 초긴장시켰고, 이 과정에서 한진중공업 박창수 위원장의 옥중 의문사와 시신 탈취라는 반인륜적 사건이 발생했다. 또한 정부 규탄시위에 나섰던 강경대 군이 공권력에 의해 살해되는 사건이 발생했다. 이를 시작으로 1991년 5~6월의 열사 정국이 펼쳐졌다. 노동운동은 박창수 열사 의문사 진상규명 투쟁에 결합하며 강력한 정치투쟁을 전개하였다.

1991년 하반기 한국의 ILO(국제노동기구) 가입을 계기로 모든 민주노조 진영은 'ILO기본조약 비준 및 노동법 개정을 위한 전국노동자 공동 대책위(이하 ILO공대위)'를 출범시키고 한 단계 더 큰 단결로 나아갔다. 이어 대공장과 대기업·중소기업 노조까지 망라한 '전국노동조합대표자회의

(이하 전노대)'를 출범시켰다. 전노대는 전노협, 업종회의, 현총련, 대노협(대우그룹노동조합협의회) 등 4개 연합단체, 1천 145개 노조, 42만 조합원을 망라했다. 전노대는 김영삼 정부의 반노동 정책인 '노경총 합의' 분쇄 투쟁을 적극적으로 전개하였다.

이 과정에서 기존의 노조들이 한국노총을 탈퇴하고, 전노대에 합류하는 전환적인 흐름이 형성되었다. 1994년 임투 시기에만 37개 노조가 한국노총을 탈퇴하였고, 총연맹회비 거부 사업장도 153개에 달하는 등 어용노총 탈퇴 운동이 대중적으로 벌어졌다. 현재 민주노총에 소속되어 있는 서울지하철공사, 부산교통공단, 기아자동차, 쌍용자동차, 만도기계, 효성중공업, 한국중공업, 현대중공업, 세일중공업, 금호타이어, 아시아자동차, 대우조선, 한라중공업, 코리아타코마, 한진중공업 등 대공장 노동조합과 파티마병원, 경북대병원, 영남대병원, 동산의료원 등 병원 노동조합이 이때 대거 한국노총을 탈퇴하고 민주노조 대열에 합류했다. 이런 주객관 정세 속에 1994년 11월 13일, '민주노총 준비위'가 출범하였다.

1995년 11월 11일 마침내 민주노총 창립!

민주노총 준비위원회가 발족한 지 1년이 지난 1995년 11월 11일, 마침내 생산직과 사무직, 대기업과 중소기업, 공공부문과 민간기업을 망라하여 15개 산업별(업종) 조직과 8백 61개 노조, 조합원 41만 8천 154명이 참가하는 민주노총이 출범했다. 미군정이 전평을 불법화한 이후 50년, 전태일 열사 분신 이후 25년 만이었다. 오직 노동자의 피와 땀, 희생과 투쟁이

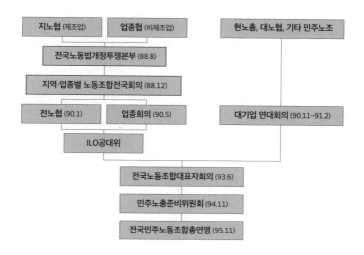

창조해낸 거대한 성과였다.

민주노총 출범은 전평의 복원이자 민주노조운동 노선의 승리였다. 미군정과 친일친미 세력의 탄압 아래 전평이 무너지고, 그 자리를 어용노조인 대한노총이 대신했다. 그러나 한국의 노동자 계급은 독재정권, 분단정권 아래서도 민주노조운동을 포기하지 않았고, 마침내 민주노총을 건설하고야 말았다.

또한 민주노총의 창립은 자기 몸을 불태우며 노동자의 권리를 외쳤던 한 명의 민주 노동자를 사회적으로 되살리는 의의가 있다. 전태일 열사의 한 점 불꽃에서 시작하여 그 누구도 대신 싸워주지 않는 어려운 길을, 몸을 던지는 투쟁으로 일구고 또 일구어, 투쟁하는 모든 노동자를 대표할 수 있는 중앙조직 민주노총을 건설했다.

민주노총은 산별노조 건설, 정치세력화를 제기했다. 자본과 정권의 기업별 노동통제·억압체제를 타파하고 산업별 계급대표성을 확보하기 위한 전략이었다. 민주노총은 자주, 민주, 통일, 사회개혁을 전면에 내걸고 이를 실현하기 위해 노동자 정치세력화를 자기의 강령으로 채택했다. 이는 87년 노동자 대투쟁으로 노동의 새시대를 열어낸 노동자가 이제 직접 정치의 주체, 집권의 주체가 되어 노동자가 바라는 사회를 건설하겠다는 노동자 정치선언이었다.

4. 96·97년 노개투 총파업

노동법 개악 날치기

1996년 4월 24일 김영삼 정권은 "노조는 투쟁과 분배 우선의 노동운동에서 벗어나 국민경제의 발전과 함께 가는 합리적이고 생산적인 노동운동을 해야 한다"는 '신노사관계 구상'을 발표하였다. 이에 따라 5월 9일 공익위원, 학계, 노동계, 재계 등 총 30명으로 구성되는 '노사관계개혁위원회(노개위)'를 출범시키고, '연내 정리해고제와 변형근로제, 근로자 파견법을 도입하겠다'고 발표했다.

'민주노총의 노개위 탈퇴와 복귀, 정부의 노동법 개악안 발표, 노동법 개악 시 민주노총 즉각 전면총파업 결의' 등 상황이 긴박하게 돌아가는 상황 속에서 김영삼 정권은 12월 26일 새벽 6시, 신한국당 국회의원 154명을 동원하여 노동관계법과 안기부법 등 11개 법안을 단 6분 만에 날치기 통과시켜 버렸다. 노동자의 단결권과 단체행동권을 제약하는 악법 종합 세트였고, 정확하게 민주노총을 겨냥하고 있었다.

전쟁 이후 최초의 전국 총파업 투쟁

12월 26일 07시, 민주노총은 즉각적인 전면 총파업에 돌입했다.

약 75일간의 투쟁 기간 총파업에 참여한 노동자는 총 누적 규모 3,422개 노조 3,878,211명이었다.

현총련, 금속, 대학, 자동차, 전문, 화학 등 6개 조직 88개 노조 14만 명이 아침 8시부터 총파업에 들어간 데 이어 12월 27일에는 병원노련 8개 노조 1만 3천 명 등 40개 노조에서 4만여 명이 추가로 파업에 합류했다.

12월 28일은 서울지하철노조가 파업에 가세하여 모두 171개 노조 22만 여 명이 파업 대오를 이루고, 12월 29일은 부산지하철노조가 파업에 합류한 데 이어 종교계, 학계, 변호사 등 각계각층의 지지가 터져나왔다.

총파업은 해를 넘겨 1997년이 되어서도 식을 줄 몰랐고, 각계각층으로 확산하였다. 노동자 파업 집회는 더 이상 노동자만 모이는 게 아니었다. 종교인, 넥타이부대, 학생, 시민 등 민주노총 총파업을 지지하고 응원하는 각계각층의 연대로 확대되었다.

결국 1월 21일 김영삼은 영수회담에서 '통과된 법률 재논의와 관련자 영장 기각 집행유예'를 밝힐 수밖에 없었다. 민주노총은 3월 중순까지 총파업, 부분파업, 수요파업 등 투쟁의 속도와 수위를 조절하며 끝까지 총파업 투쟁을 전개하였다.

노동법 날치기에 맞선 위력적인 총파업을 통해 민주노총은 한국의 노동운동을 대표하는 조직으로 우뚝 서게 되었다. 그 영향으로 22개 노조 1만 2,920명이 민주노총에 가입하는 조직적 성과를 낳기도 했다.

96·97년 총파업 승리의 여세를 몰아서 민주노총은 자신의 강령인 노동자 정치세력화를 실현하기 위해 '국민승리 21'을 창립하고, 권영길 민주노총 초대 위원장이 대통령선거에 출마하였다. 1956년~1958년 진보당의 출현과 탄압 이후 40년 만에 노동자 대통령 후보가 나선 것이다. 진보정당운동 역사에서 일대 한 획을 긋는 사건이었다.

96·97년 노동자 총파업 투쟁의 역사적 의의

96·97년 총파업은 전평 해산 이후 최초, 최대의 정치 총파업이었다. '노동 악법 전면무효화'라는 정치적 요구를 들고 전체 노동자의 이해와 단위사업장별, 지역별, 업종별, 산업별 이해를 일치시킨 전국적 정치 총파업이었다.

또한 기존 사회정치적 투쟁이 청년학생들의 선도성에 의지해왔다면 96·97년 총파업은 노동자가 선도적으로 투쟁을 주도하고 이를 중심으로 각계각층의 연대투쟁이 활발해지는 새로운 투쟁 양상을 보여 주었다. 이로써 노동계급이 한국 사회 변혁운동의 주력대오, 중심계급으로 전면에 등장했음을 증명하였다.

96·97년 총파업 투쟁은 전 세계적으로 진행되는 신자유주의 정책에 맞선 노동자 투쟁의 서막을 열었다. 당시 세계 각국의 언론사들이 앞다투어 총파업 취재 경쟁을 벌였고, 한국 노동자들의 총파업 소식은 빠르게 국제사회로 퍼져나갔다. 해외의 운동가들은 '자본의 신자유주의 공세에 최초의 파열구를 냈다'라고 평가했다.

5. 신자유주의와의 투쟁

IMF 외환위기와 미국식 신자유주의의 점령

1997년, 기업들의 줄부도 사태가 한국경제를 뒤흔들었다. 11월 들어 외화 부족으로 환율이 폭등하고 주가가 급락하면서 금융시장까지 마비 상태에 빠져들었다. 11월 21일 김영삼 정부는 국제통화기금(IMF)에 200억 달러 유동성 조절자금 지원을 요청하고 '경제성장률 3%, 물가상승률 5%, 재정 긴축, 금융구조조정, 노동시장 유연성 확보' 등을 내용으로 하는 양해각서에 도장을 찍었다. 김영삼 정부가 세계화를 외치며 OECD에 가입하고 '아시아의 용'으로 불린 지 1년도 못 되어 벌어진 상황이었다.

1998년 외환위기를 계기로 한국 사회는 신자유주의 체제에 접어들었다. 해방 직후 총칼로 무장한 미군이 점령군으로 들어왔다면, 이번엔 한 손엔 미국 달러를, 다른 한 손엔 신자유주의 제도와 정책을 움켜쥔 제국주의 경제군대가 점령해 들어오는 양상이었다. IMF를 앞세운 미국식 신자유주의 체제 강제 이식 과정은 그만큼 폭력적이고 일방적이었다.

IMF는 노동시장, 기업, 금융, 공공부문 구조조정을 밀어붙였다. 그 결과

96·97년 총파업으로 저지시켰던 정리해고제가 다시 실시되고 파견제가 도입되었다. 초국적 기업, 해외 금융자본, 투기자본에 규제가 풀리고, 제국주의 자본은 국내 알짜기업들을 헐값에 집어삼켰다. 포항제철, 한국통신, 한국전력, 철도, 한전 등 핵심 기간산업이 모조리 민영화, 해외 매각 대상이 되었다.

IMF 4대 구조조정 요구	
노동시장	노동시장 유연화, 정리해고, 파견법 도입
기업	부채축소, 우량자산 헐값매각, 노동비용축소, 투자축소
금융	시중은행외국인투자허용, 금융감독기구 등
공공	공기업 분할 민영화

신자유주의 반대 투쟁

민주노총은 농민, 빈민 등 각계각층 사회단체들과 '민중생존권 쟁취, 사회개혁, IMF반대 범국민운동본부'를 조직하고 1999년 5월 15일 전국 동시다발 1차 민중대회 개최하는 등 전국적 투쟁전선 형성에 앞장섰다.

98년 현대자동차와 만도기계 노동자들이 열어낸 정리해고 저지 투쟁은 2000년 초 신자유주의 구조조정 저지 연쇄 파업과 시위를 만들어내며 전국적으로 확산되었다. 대우자동차 정리해고 철회와 해외매각 반대 투쟁, 울산 화섬산업 구조조정 저지 투쟁, 생명·손해보험 등 제2금융권 구조조정 저지 투쟁, 공공3사 공동투쟁과 발전노조 38일 투쟁이 연속 벌어졌다.

이 시기 최초의 비정규직 노조의 파업이 벌어졌는데 2001~2002년 한국
통신 계약직노동자들의 집단 계약해지 철회 투쟁이었다. 2003년 '물류
를 멈춰 세상을 바꾸자!'는 구호를 들고 가두로 진출한 화물연대 특수고
용노동자들의 투쟁 등 기존의 정규직 큰 사업장 중심의 투쟁을 넘어 비
정규직 노동자들이 투쟁의 당사자로 떨쳐나서기 시작했다. 신자유주의
고용유연화가 초래한 비정규직 문제가 전 사회적 이슈로 부상하였다. 민
주노총 역시 비정규직 문제를 사업과 투쟁의 전략적인 영역으로 설정하
고 적극적으로 대응하기 시작했다.

1998년 9월 현대자동차 정리해고저지 파업투쟁

1998년 10월 만도기계노조 파업투쟁

1999년 4월 서울지하철노조 파업투쟁

1999년 10월 한라중공업노조 파업투쟁

2000년 3-4월 자동차3사노조 연대파업투쟁

2000년 12월 금융노동자파업, 한국통신노동자 파업투쟁

2001년 2월 대우자동차 노조 정리해고저지 파업투쟁

2002년 2월 민영화 저지 철도,가스,발전 공동투쟁과 발전노조 파업투쟁

2003년 두산중공업 배달호 열사를 비롯한 7명의 노동열사 투쟁

2003년 지하철, 철도노조 연속 파업투쟁

2003년 화물연대 '물류를 멈춰 세상을 바꾸자' 파업투쟁

2003년 노동 열사들의 투쟁

2003년 1월 9일 두산중공업 배달호 열사가 손배가압류 철폐를 외치며 분신하였다. 8월 26일 세원테크 이현중 조합원 역시 같은 구호를 외치며 분신했다. 열사들의 죽음은 노조 죽이기 신종탄압 수법인 손배가압류 문제의 심각성을 사회에 고발했다. 10월 17일 한진중공업 김주익 지회장이 자결하였다. 김주익 지회장은 단체교섭을 요구하며 129일 동안 크레인 고공농성투쟁을 전개했으나, 사측은 '선조업 후교섭'만을 주장하면서 노조의 정당한 교섭 요구를 묵살하였다. 김주익 열사의 자결을 통해 한진중공업에서 합법적인 노조활동마저 부정당하는 현실이 폭로되었다.

2003년은 노동 열사 정국이었다. 97년 IMF 외환위기 이후 신자유주의 세계화 폭압 속에서 밀리고 밀리던 노동자들은 더 이상 물러설 곳이 없었다. 열사들은 민주노조를 지키고 노동자의 삶을 지키기 위해 자신의 몸을 던졌다. 한 해 동안 13명의 노동 열사들이 쓰러졌다. 두산중공업 배달호, 한진중공업 김주익·곽재규, 화물연대 박상준, 국민연금관리공단 송석찬, 세원테크 이현중·이해남, 근로복지공단 이용석, 교육비정규직 노동자 성기득, 농민 이경해 열사가 그들이다. 11월 9일 서울 시청 앞에서 열린 전국노동자대회에는 10만 명이 집결하였다. 그리고 서울 거리에서 가열찬 투쟁이 벌어졌다.

2003년 노동 열사 정국을 지나면서 민주노총은 반격을 시작하였다. 열사들이 지켜낸 노동자의 희망, 민주노총을 움켜잡고 한국 노동자들은 다시 전진하기 시작했다.

김진숙 지도위원
김주익 열사 추도사 영상

6. 세상을 바꾸는 투쟁

반격의 시작, 대중투쟁의 눈부신 진출

2000년대 들어서면서 한국 사회가 안고 있는 구조적 모순과 문제들이
대중적으로 폭로되며 강력한 사회연대활동과 투쟁들이 집중적으로 전개
되었다.

특히 노무현 정부 출범을 기점으로 정치, 경제, 남북관계 등 한국 사회 전
반 영역에 대한 근본적 개혁 요구가 대중적으로 분출하면서 1년 365일
내내 범국민적 운동과 강력한 민중연대투쟁이 전개되었다.

세상을 바꾸는 총파업 투쟁

민주노총도 2000년대 초부터 주5일제 쟁취, 조세개혁과 사회보장예산
GDP 기준 10% 확보, 국가보안법 폐지, 재벌개혁 등 법제도의 개선과 구
조개혁 요구를 전면에 걸고 세상을 바꾸는 노동운동으로 나아가기 시작
했다.

2004년 주5일제 쟁취로 세계 최장시간노동 국가이자, 산재 공화국을 만들어온 장시간 노동체제를 바꾸어내는 전환점을 만들었다. 민주노총은 효순미선 살해 미군 처벌과 진상규명 투쟁에 조직적으로 참가하였으며, 2004년 국가보안법 폐지 1천인 단식농성에 200명 이상의 조합원들이 참여했다. 연이어 전개된 이라크 파병 반대 투쟁, 한미FTA반대 투쟁, 미국산 광우병쇠고기 수입 반대 투쟁 등 범국민적 연대투쟁에 주체적으로 나섰다. 특히 광우병쇠고기 수입 저지를 위한 촛불 파업을 조직하고, 화물연대를 필두로 전 조직이 나서서 미국산 쇠고기 운송거부 투쟁과 저지 투쟁을 전국적으로 전개하였다.

2006년 민주노총은 세상을 바꾸는 총파업투쟁을 전개했다. 비정규악법 철폐, 한미FTA 저지 등을 전면에 걸고 미국식 신자유주의 정책을 근본적으로 폐기하기 위한 노동자 총파업 투쟁은 1년 내내 전개되었다. 세상을 바꾸는 총파업 투쟁은 일회적인 파업 투쟁을 넘어 이후 몇 년 동안 민주노총의 강력한 투쟁의 기치가 되었고 노동을 넘어 농민과 전체 민중의 세상을 바꾸는 연대투쟁으로 확대되었다.

2005년, 농업 말살 한미FTA 반대 투쟁에 나섰던 전용철, 홍덕표 농민이 공권력에 의해 사망하는 사건, 2006년엔 하중근 건설노조 조합원이 경찰 폭력으로 사망하는 사건이 연속 발생하였다. 민주노총의 세상을 바꾸는 투쟁은 노동자, 농민이 중심이 된 강력한 민중총궐기투쟁으로 발전하였다. 2006년 한미FTA저지 민중총궐기는 마침내 2008년 전국민적인 광우병 쇠고기 촛불항쟁으로 불타올랐다.

100만 국민촛불시위는 단순히 광우병 쇠고기 수입 문제를 넘어선 투쟁이었다. 철도민영화 반대, 무상의료 확대 등 사회공공성 강화, 재벌개혁, 불평등한 한미 관계 반대 등 노동민중운동이 주장해온 각종의 체제전환 요구가 분출하였다. 대중의 자주적이고 창조적인 새로운 투쟁문화, 항쟁 문화는 새로운 대중 광장정치의 시작을 알렸다. 거의 3개월 동안 이어진 100만 촛불시위는 오로지 친기업, 한미동맹만 부르짖으며 스스로를 '대한민국 사장'으로 불러달라던 이명박 정권으로 하여금 출범 6개월 만에 대국민 사과를 하게 만들었다.

7. 노동자의 당을 만들다

민주노총은 1997년 '국민승리 21' 활동 경험과 신자유주의 대응 투쟁을 통해 노동자가 정치의 주인이 되는 노동자 정치세력화, 집권을 향한 노동운동의 필요성을 절감하고 본격적인 진보정당 건설에 나섰다.

2000년 1월 17차 민주노총 대의원대회는 민주노동당 창당, 노동자당원 모집 등을 결정하고, 구체적으로 민주노동당에 대한 배타적 지지방침을 확정하였다. 이를 통해 독자적 정치세력화한다는 정치방침을 결정했다.

민주노총의 배타적지지 등에 힘입어 2000년 총선에서 민주노동당은 출마 지역 평균 13.1%를 획득하였다. 2002년 지방선거와 대통령선거, 2004년 총선을 거치면서 민주노총과 민주노동당의 정치적 유대는 더욱 강화되었다.

2000년 1월 30일: 민주노동당 창당, 권영길 대표 선출

2000년 16대 총선: 후보 출마지역 평균 13.1% 득표

2002년 지방선거: 기초단체장 2명, 광역의원 11명 (비례 9명) 당선,
8.13% 정당득표율 기록

2002년 대통령선거: 권영길 후보 3.98% 득표 (100만표)

2004년 총선: 국회의원 10명 당선

2006년 지방선거: 광역의원 15명 (비례 10명), 기초의원 66명 당선

민주노동당은 '무상의료 무상교육 실현', '부유세 도입'과 같은 정책들을 제시했다. 그리고 △비정규직 철폐와 비정규법안 반대 △이라크 전쟁 파병 반대 △한미 FTA 졸속추진 반대 △무상교육, 무상의료법안 발의 및 복지예산 삭감 반대 △대학 자율화 반대 △부유세 신설 △남북 간 교류협력 촉진 등의 정치 이슈를 주도했다. 원내에 진출한 의원들은 대한민국 국회의사당에서 민주노동당 탄생 이전에는 상상하지도 못한 정치사회적 의제와 요구들을 주장하고 그 관철을 위해 활동하였다.

민주노동당은 본격적으로 자주민주평등통일 사회를 향해 진출하는 대중투쟁을 촉진하였으며, 새로운 정치적 대안으로 자리잡기 시작했다. 87년 이후 굳어진 보수 양당 체제를 흔들며 새로운 정치체제를 열어갈 수 있다는 새 정치에 대한 희망과 전망을 심어 주었다.

2008년 운동노선 상의 차이와 소위 '종북' 논쟁으로 인한 민주노동당의 1차 분당, 그리고 박근혜 정권에 의한 통합진보당 강제해산까지 많은 부침이 있었지만, 민주노동당으로 대표되는 1기 노동자 정치세력화 운동은 많은 성과와 교훈을 남겼다. 이는 새로운 노동자 정치세력화 운동을 본격화하기 위한 큰 자양분이자 밑거름으로 남아있다.

민주노동당 창당대회

사진제공 : 민주노동당

8. 산별노조 건설투쟁과 비정규직 노동운동시대의 개막

산별노조 건설투쟁

산별노조를 건설하기 위한 투쟁은 지난한 과정을 밟아야 했다.

2001년 7월 27일 민주택시연맹 산하 전체 조합원 중 42%가 참여한 가운데 산별노조가 출범하고, 전국 41개 사업장에서 조합원 5,200명이 한 달 넘게 파업을 전개하여 월급제를 쟁취하였다.

산별건설투쟁의 선두에는 보건의료노조가 있었다. 1998년 산별노조를 설립한 보건의료노조는 2002년 경희의료원과 가톨릭의료원에서 각각 119일, 217일에 걸친 장기파업 투쟁을 전개했다. 가톨릭중앙의료원 산하 3개 병원은 146일, 목포 카톨릭병원은 142일, 제주한라병원은 140일, 제천정신병원이 96일 파업 투쟁을 전개하였다. 마침내 2년 후 2004년, 병원노사는 산별중앙교섭에 전격 합의하였다.

전교조는 합법화 이후 단체교섭투쟁에서 성과를 내고, 조직을 비약적으로 확대했다. 이후 2003년 네이스(NEIS) 저지 연가 투쟁, 2006년 교원평가 저지 연가 투쟁, 2007년 교육복지실현 국민운동을 전개하였다.

대형사업장, 전국규모사업장의 투쟁도 강력하게 전개되었다.

GS칼텍스 투쟁은 노동조합이 사회적 요구를 내걸고 전개한 대표적 파업 투쟁이었다. 2004년 GS칼텍스 노동조합은 △지역사회 발전기금 조성 △비정규직 문제 해결 △임금 10.5% 인상 △교대제 전환 등의 요구를 내걸고 20일이 넘는 강도 높은 파업투쟁을 벌였다.

대구지하철 노동조합은 2004년 7월 21일 '2호선 구조조정 반대, 주5일제 쟁취'를 위해 장장 88일간의 파업투쟁을 전개하였다. 철도노조는 1980 년대 이후 2013년까지 8차례 파업 투쟁을 하였다. 2013년 파업은 철도파업 역사상 23일이라는 최장기 투쟁이었다. 수서발 KTX 분리를 반대하는 철도노동자들에 대하여 박근혜 정권은 지도부 검거를 명분으로 민주노총 경찰난입이라는 유례없는 탄압을 자행하였다.

2000년 초중반 민주노총 투쟁 동력을 확대한 또 하나의 노동자 대오는 공무원노조였다. 2000년 2월 153개 직협이 참여한 전국공무원직장협의회발전연구회(전공연)가 출범했다. 그리고 2002년 3월 23일 전국공무원노조가 출범하였다. 창립대의원대회에는 경찰 병력이 들이닥쳐 공무원 181명을 연행했다.

민주노총은 2006년 민주노조 총단결체로서의 질적 강화와 계급대표성 강화를 위한 핵심 조직사업으로 산별전환 조합원 총투표운동을 발의했다. 1년 동안의 산별전환 총투표운동 결과, 전환률은 70% 이상으로 높아졌다. 기업별노조 활동 관성을 넘어 산업별 단결력, 민주노총 총단결력을 제고하자는 조직내 기운도 높아졌다.

특히 현대자동차, 기아자동차 등 금속노조 소속 대공장노조들이 대거 산별전환에 성공하며 2001년 3만여 명으로 출발했던 금속노조가 단번에 15만 강철대오 금속노조로 올라섰다. 15만에 가까운 공공 운수 노동자들도 '공공서비스노조'와 '운수노조'를 묶어내고 공동사업, 공동투쟁의 경험을 쌓았다.

산별전환 총투표운동은 이후 수년 동안 대다수 민주노총 가맹조직들의 준비 정도에 맞춰 지속적으로 이어졌다. 2010년대 전면화된 공공부문과 민간서비스영역 비정규직 노조들은 처음부터 기업별 노조를 뛰어넘어 직종별 노조, 업종별 노조 형태로 급속히 발전하면서 민주노총의 산별노조 비율은 지속적으로 높아졌다. 2021년 현재 민주노총 산별전환율은 85%를 넘어섰다.

민주노총 16개 산별노조

금속노조　전교조　보건의료노조　공공운수노조　교수노조

대학노조　화섬식품노조　민주일반연맹　언론노조　민주여성연맹

전국사무금융서비스노동조합　　전국공무원노동조합

전국정보경제서비스노동조합연맹　　한국비정규교수노동조합

건설산업연맹　　서비스연맹

비정규직 노동운동 시대의 개막

2000년 한국통신 계약직 노동자들의 처절했던 투쟁을 시작으로 비정규직 노동자들의 투쟁과 조직화 흐름이 확대되었다. 한국통신 계약직 노동자 7,000명은 계약해지에 맞서 장장 517일 동안 파업 투쟁을 진행했다. 이 투쟁 과정에서 중소영세 사업장, 비정규직 노동자들의 새로운 조직화 흐름이 형성되었다. 2001년 부산일반노조가 만들어지고 지역별로 확산되었다.

또한 2002년에는 복잡한 이중삼중 착취구조인 하도급 체계와 낮은 운송비에 고통받아온 특수고용노동자 화물운송노동자들이 '화물연대'를 건설하고 연속 파업투쟁으로 떨쳐나섰다. 건설노동자들도 본격적인 투쟁에 나섰다. 2001년 타워크레인 파업투쟁을 필두로, 2001년 레미콘, 전기, 2004년 토목건축 동백지구 파업, 2005년 덤프연대, 건설플랜트 파업투쟁으로 이어졌다.

금속을 비롯한 제조업 비정규노동자의 투쟁도 본격화되었다. 2005년 순천 현대하이스코 비정규직 61명 부당해고 철회투쟁은 해를 넘겨가며 완강하게 전개되었고, 2006년엔 민주노총 1만 이상이 참여하는 지역총파업으로 확대되었다.

2007년은 한발 더 나아가 이랜드 비정규직 대량해고에 맞서 민주노총 차원의 총력 투쟁을 선포하고 전 지역본부의 공동투쟁을 1년 이상 전개하였다.

비정규직 투쟁은 여러 산별조직들과 지역본부가 적극 연대하고, 범시민 연대체가 꾸려져 함께 싸우는 양상으로 발전하였다. 비정규직 노동자들은 단위사업장의 벽을 뛰어넘어 2002년 민주노총 특수고용노동자대책회의, 2003년 전국비정규직노조대표자연대회의 등으로 더욱 크게 단결하였다.

이러한 비정규직 투쟁과 조직화 흐름 속에 민주노총은 2004년 비정규노동자 '전략조직기금'을 설치하고, 비정규직 투쟁과 조직화에 박차를 가할 것을 조직적으로 결의하였다.

공공부문의 학교비정규직 노동자들의 투쟁은 대규모의 비정규직노조 건설로 이어졌다. 10년 이상 억눌려 있던 학교비정규직 노동자들은 삽시간에 수만 명의 대오로 결집하였다. 학교비정규직 노동자들은 노조 결성과 함께 곧바로 비정규직 차별 철폐를 요구하고 대정부 투쟁에 돌입하며 공공부문 비정규노동자 투쟁의 모범과 전형을 만들어나갔다. 학교비정규직 투쟁은 공공부문 비정규직 투쟁 활성화의 도화선이 되었다.

민간서비스부분 비정규직 노동자들의 자주적 조직건설 투쟁도 힘차게 전개되었다. 이마트, 롯데 등에 노동조합 건설을 위한 노력이 시작됐고 2013년엔 홈플러스에 노동조합이 결성되고, 2016년엔 마트산업노동조합으로 성장했다. 영화 '카트' 속의 주인공들이 바로 이들이었다.

비정규직 노동자들의 자주적 조직화와 투쟁으로 진출 속도는 더욱 빨라지고 광범위해지고 있다. 2021년 22명의 노동자가 과로사로 쓰러지면서 택배노조는 정부와 거대 재벌을 상대로 죽지않고 일할 권리 쟁취, 특수고용노동자 노동기본권 쟁취를 위한 총파업 총력 투쟁을 전개하였고, 돌봄노동자들도 돌봄일자리 국가책임 요구 투쟁을 본격화하였다. 2021년 현재 민주노총 비정규직 조합원은 101만 조합원 중에 31만 명으로 30%에 이른다.

9. 자주통일운동의 주역으로

노동자 자주통일운동의 본격화

80년대 말 90년대 초까지 조국통일 투쟁의 주력 대오는 지식인과 청년 학생이었다. 89년 3월 문익환 목사의 방북과 연이은 임수경 학생의 방북으로 분단시대를 끝내고 조국통일을 실현하자는 국민적 염원이 들불처럼 일어났다. 87년 노동자 대투쟁을 거치며 노동자들도 분단사회 현실을 자각하기 시작했고 노동자 자주통일운동을 시작했다.

민주노총이 창립되었던 1995년, 서울노동조합협의회가 남북 노동자축구대회 개최를 목표로 조합원 통일축구대회를 개최하고, 8.15를 기해 결승전과 통일문화제를 열면서 노동조합 차원의 통일운동이 시작되었다.

민주노총은 '통일위원회'를 구성하고, '노동자통일한마당', '노동자통일등반대회' 같은 대중운동을 펼쳤다. 1998년 '남북합의서 이행과 평화 군축 실현을 위한 98 자주통일결의대회'에는 3천여 노동자가 조직적으로 참여하였다. 마침내 1999년 8월 10일~14일까지 4박 5일간 평양에서 최초로 '99통일염원 남북노동자 축구대회'를 개최하며 노동자 통일운동을 새로운 단계로 올려놓았다.

6.15 공동선언과 노동자 통일운동의 대중화

2000년 남북정상회담과 공동선언 발표 이후 민주노총은 더욱 적극적으로 통일운동에 나서기 시작하였다.

6.15 공동선언이 발표된 2000년 8.15대회는 민주노총을 비롯, 40여 개 단체 회원 4만여 명이 참여한 가운데 '남북공동선언 관철과 민족의 자주·대단결을 위한 2000년 통일대축전'으로 진행되었다. 민주노총 1만 5천여 명의 조합원이 대규모로 참가하였다.

2000년대 초 민주노총은 반미자주, 조국통일을 안아오기 위한 대중투쟁의 주역으로 떨쳐나섰다.

전쟁 시기 미군의 양민학살 진상규명과 사죄배상 투쟁

매향리 쿠니사격장 폐쇄 투쟁

효순미선 살인미군 처벌 및 불평등한 SOFA 전면개정 투쟁

국가보안법 철폐와 통일애국인사 석방 투쟁

용산·파주·인천·군산·부산·대구 등 지역별 주한미군기지반환 투쟁

휴전협정 당사자간 평화협정체결 투쟁

남북기본합의서의 남북 불가침 합의이행 촉구 투쟁

하나의 나라로의 평화통일방안-연방제통일방안 합의확산 투쟁

자주통일과 반미투쟁의 현장에는 언제나 노동자 대오가 있었다.

이명박, 박근혜 정권이 들어섬으로써 남북관계가 최악으로 치닫고 있던 상황에서 노동자통일운동은 한반도 전쟁 위기를 불러오는 한미군사동맹 폐기를 전면에 걸고 본격적인 반미자주화 투쟁으로 나아갔다. 한미합동 군사훈련 저지, 사드배치 반대, 첨단 무기 수입 반대, 주한미군 방위비분 담금 폐지 등 예속적이고 불평등한 한미동맹의 문제를 대중적으로 알려 내고 이를 해체하기 위한 투쟁을 지속하였다.

더불어 일본 땅과 국내에 최초로 강제징용 노동자상을 세움으로써, 청산 하지 못한 일제 강점기 역사에 대한 사죄·배상투쟁에 불을 붙였고, 2019 년 군국주의 부활로 치닫는 일본을 규탄하며 반아베 국민촛불투쟁을 선 도하는 등 민족자주성 회복 투쟁에 앞장섰다.

6.15 공동선언 발표 이후 민간 통일운동진영의 자주교류 물꼬를 튼 것은 2000년 12월 11일부터 14일까지 민주노총과 북측 조선직업총동맹(직총) 이 금강산에서 개최한 '남북노동자 통일토론회'였다.

남북노동자 교류사업은 이후에도 다른 어떤 분야보다 활발하게 전개되 었다. 2001년 평양에서 개최된 남북노동자 5.1절 통일대회는 이후 대규 모 남북 공동행사의 신호탄이 되었으며, 평양에서 최초로 열린 대규모 부문공동행사로 기록되었다.

민주노총의 자주교류 사업은 산별 간, 각급 조직 간의 교류사업으로 확대되었다. 남북노동자 자주교류 운동의 상징이라 할 수 있는 남북노동자통일축구대회는 계속 이어져 2007년 경남 남북노동자통일축구대회, 2015년 평양 노동자통일축구대회, 4.27 판문점 선언 이후인 2018년 서울 남북노동자 통일축구대회로 이어졌다.

자랑찬 역사, 노동자 자주통일선봉대

2000년 6.15 공동선언이 지펴놓은 조국통일의 대중적 열기 속에 제1기 노동자통일선봉대가 모습을 드러냈다. 1기 노동자통일선봉대가 보여준 투쟁성과 헌신성은 대단한 것이었다. 전국의 투쟁사업장을 방문해 연대 투쟁의 장을 펼치고, 당시 전국민의 공분을 만들고 있던 매향리 쿠니사격장 폐쇄 투쟁을 위해 온 몸을 던지는 투쟁을 전개하였다.

전국을 돌며 지역별 통일대축전에 결합하여 노동자 통일운동이 본격화되었음을 보여주었다. 이런 선봉대의 투쟁 내용과 방식은 이후 중앙통일선봉대의 기본 활동방식이자 전통으로 이어지고 있고 2023년까지 한해도 빠짐없이 매년 8.15를 노동자 통일운동의 뜨거운 장으로 만들어오고 있다.

2020년 21기 민주노총 통일선봉대

10. 민중총궐기, 촛불항쟁의 길로

민중총궐기가 촛불항쟁으로

2008년 미국발 금융위기는 미국식 신자유주의 세계화의 종말을 예고하는 것이었다. 이 시기에 등장한 이명박, 박근혜 정권은 이미 생명줄이 다한 신자유주의 정책을 더욱 강화하며 경제위기를 핑계 삼아 반노동 정책, 특히 민주노총 죽이기에 골몰했다. 민주노총을 이기주의 집단으로 매도하고 노사간 자율적으로 맺은 단체협약 조항을 문제삼아 비도덕적 집단으로 매도하였다. 공공기관 노동자들을 일은 하지 않고 고액 연봉만 받는 철밥통 집단으로 악마화시켰다.

반노동 이데올로기 공세에 그치지 않고 민주노총을 물리적으로 파괴하기 위해 혈안이 되었다. 공무원노조 불법화, 전교조 불법화, 공공기관평가운영위원회를 통한 공공부문 노조 죽이기, 금속노조 사업장을 집중 대상으로 전문 노조파괴 컨설턴트까지 결합한 노조 기획파괴 공작 등 민주노총 죽이기를 일상화하였다. 급기야 박근혜 정권은 노동법을 개악해 박정희식 장시간 저임금 노동체제로 회귀하기 위한 책동을 벌였다.

박근혜 정권은 사법적폐 세력까지 동원하여 통합진보당을 강제해산시키고 말았다. 노동자 민중을 '개·돼지'로 여기는 귀족관료들이 정권에 들어앉아 복지정책을 후퇴시키고, 철도 분할과 민영화 추진, 의료민영화 추진 등 사회 공공성을 심각하게 약화시키면서 친재벌 정책만 강화했다.

정권에 대한 국민의 분노는 2014년 세월호 침몰 사건을 계기로 터져 나왔다. 세월호 사건 진상규명을 요구하는 대중시위가 연일 지속되었다.

민주노총은 2015년 박근혜 노동개악에 맞선 선제적 총파업 투쟁과 함께, 경제위기 속에 저임금 노동자의 생존권 보장을 위한 '최저임금 1만원 쟁취'를 발의하고 전사회적 연대투쟁을 조직하였다. 2015년 한 해 동안 3번의 총파업을 단행했고, 11월 전국노동자대회에 '박근혜 퇴진'을 전면에 걸고 민중총궐기 투쟁을 조직했다.

노동개악 정권, 폭압적 노동탄압 정권, 국민생명을 죽이는 불의한 정권에 정면으로 맞서기 위해 13만의 조합원이 결집하였고, 농업말살, 농민말살 정책으로 고통받고 있던 전국의 농민들도 민중총궐기로 집결했다. 박근혜 정권의 살인 진압 과정에서 백남기 농민이 물대포에 사망했다.

13만의 박근혜 퇴진 총궐기 투쟁과 백남기 농민의 죽음은 국민들 속에 항쟁의 불씨를 뿌렸고, 이어 드러난 최순실 국정농단이 촉매제가 되어 마침내 2016~17년 1,700만 촛불항쟁으로 불의한 정권을 끌어내리며 새로운 사회로의 진군을 시작했다.

본격적인 체제전환 투쟁으로

기후위기와 코로나19 펜데믹이 가속화한 세계적 산업전환과 신자유주의 국제분업 체계의 파괴, 미국 일극 패권질서의 몰락과 새로운 냉전 구도 형성, 전쟁위험의 증대와 세계 민중의 생존권 파괴 등 전환기적 위기가 심각해지고 있다. 세계적 대전환기 정세가 본격화된 가운데 각국은 생존을 위한 체제교체에 나서고 있다.

그러나 문재인 정부는 촛불항쟁의 강력한 힘으로 출발했음에도 불구하고 기득권 보수정치 세력의 한계를 넘어서지 못했다. 문재인 정권 5년의 마지막 해는 역대 최고 비정규직 숫자와 박근혜 정권보다 못한 최저임금 인상률, 유례없는 집값폭등을 기록했다. 그 결과 다시 친미검찰독재정권인 윤석열 정부가 들어서고 말았다. 더 이상 한국의 기득권 보수정치 세력은 대전환기를 감당할 의지도 능력도 없다는 것이 명백히 확인되었다. 노동자 민중이 주체적 힘을 키워 직접 대안세력으로 떨쳐나서는 것 외엔 방법이 없다.

민주노총은 2021년 '불평등 타파 평등사회로 대전환 총파업'을 시작으로 신자유주의 불평등체제를 완전히 타파하고 노동자 민중이 중심이 되는 새로운 대안체제로의 투쟁을 시작했다.

민주노총은 110만 민주노총을 넘어 200만으로, 200만을 넘어 500만 조합원 시대를 향해 전진하고 있다. 반윤석열 항쟁을 위한 조직력, 투쟁력, 민중연대전선의 강화, 전국민적인 반윤투쟁전선 구축에 노력하고 있다.

또한 제2의 정치세력화운동으로 기득권 보수정치를 타파하고 노동자직접정치, 민중직접정치를 통해 실질적인 대안정치세력, 단결된 진보정당을 건설하는 길로 전진하고 있다.

3장

나는 노동자다

노동기본권과 노동조합

1. 노동기본권 이야기

── 1) 당신에게는 노동기본권이 있습니다

아무도 가르쳐 주지 않는 권리

하루하루 고달프게 살아가는 처지에서 누군가가 "당신에게는 이러이러한 권리가 있습니다"라고 말한다 해도 쉽게 다가오질 않는다. "그렇게 좋은 권리가 있는데, 내 운명은 왜 이렇게 잔혹한가?" 이런 생각이 들기 때문일지도 모른다. 그러나 우리가 평소에 알지 못했던 그 권리들이 우리의 삶을 바꿀 수 있다.

수많은 알바생들 중에는 자신이 최저임금을 받을 권리가 있다는 사실을 모르는 경우가 많다. 많은 건설현장에서도 위험한 작업에 대해서는 작업중지권이 있다는 것을 모른다. 요즘 젊은 세대는 인권과 권리 의식이 높다고 하는데, 현장실습생들은 제주도 홍종운 군처럼 위험작업을 하다가 쓰러져 간다. 취업도 하기 전에 이렇게 쓰러져 가는데, 취업을 하면 얼마나 더 많이 쓰러져 가게 될까?

왜 이런 일들이 벌어질까? 노동자의 권리에 대해서 아무도 가르쳐 주지 않기 때문이다. 그리고 이 문제를 국가가 책임지지 않기 때문이다.

반면 서유럽의 경우 노동교육을 국가가 책임진다. 독일은 초등학교에서 모의단체교섭 실습을 교육한다. 프랑스 역시 초등학교 교과서에 '노동조합'과 '실업'의 개념이 소개되고 노동자들이 파업하는 사진을 싣는다. 프랑스 고등학교에서 배우는 시민-법률-사회과목 3단원의 제목은 "일터에서의 투쟁과 협상"이다. 이 모든 과정은 필수교육으로 진행된다. 한 사회가 노동자들의 기본권을 어떻게 바라보는가는 그 사회의 발전 척도를 나타낸다. 최근 한국에서도 초·중·고 교육과정에 노동인권교육을 의무화해야 한다는 법안이 발의되는 등 노동기본권에 대한 인식을 향상하기 위한 노력이 진행되고 있다. 그러나 이를 불온시하는 세력의 저항 또한 만만치 않다.

유럽은 초등학생부터 노동자 인권 교육, 그럼 한국은?

- MBC충북NEWS

노동자 스스로 알아가는 권리

전태일 열사는 근로기준법이 있다는 것을 우연히 알게 됐고, 이를 열심히 공부하고자 했다. 근로기준법은 노동자의 최소한 생존 보호를 위하여 임금, 노동시간, 근로조건 등을 명시한 법이다. 그러나 초등학교 중퇴 학력인 전태일 열사는 한문이 섞여있고, 어려운 말로 가득찬 근로기준법을 독학하기가 힘들었다. 해설서 한 페이지를 읽는데 하루가 꼬박 걸리기도 하였다. 그래서 근로기준법이 지켜지지 않는 현실을 모르고 살아가는 자기들을 빗대어 '바보회'라는 조직을 만들고 노동조합 활동을 시작했다. 우리는 노동조합에 가입하고 나서야 이러한 권리를 배우기 시작한다. 늦은 만큼 전태일 열사처럼 노동자의 권리에 대해서 더 열심히 배울 필요가 있다.

 50년 간의 '외침'···전태일이 꿈꾸던 세상, 지금은?
- MBC뉴스

노동3권이란

대한민국 헌법 제33조 1항에는 '근로자는 근로조건의 향상을 위하여 자주적인 단결권·단체교섭권 및 단체행동권을 가진다'고 되어있다. 이것을 노동3권이라고 한다.

단결권이란 '노동자가 노동조합으로 단결할 권리'를 말한다. 다시 말해 노동조합을 만들 수 있는 권리, 노동조합에 가입할 권리이다. 흔히 '노조할 권리'라고 한다. 자본가가 노동조합활동을 방해하면 처벌을 받는다는 뜻도 함께 담겨져 있다.
단체교섭권이란 '고용계약을 혼자가 아닌 집단적으로 할 권리'가 있다는 뜻이다. 그리고 자본가가 이를 거부하면 처벌을 받는다는 뜻이 담겨져 있다.

단체행동권은 '노동조합이 파업·태업 등을 할 권리'를 말한다. 단체교섭 과정에서 노동조합의 요구가 받아들여지지 않을 때, 노동조합은 쟁의행위를 통하여 자본가들의 기업운영을 방해할 수 있다. 그리고 정당한 쟁의행위에 대해 자본가는 손해배상을 청구할 수 없다.

헌법에 보장된 노동자의 권리에는 사용자가 노동3권을 방해하거나 탄압하면 부당노동행위로 처벌받는다는 의미가 함께 포함되어 있다.

노동3권 중에서 단결권은 가장 기본적인 권리이다. 왜냐하면 단체교섭권과 단체행동권은 모두 노동조합으로 단결할 권리를 통해 행사되기 때문이다. 때문에 노동자는 먼저 '노동조합을 할 권리'를 획득해야 단체교섭권과 단체행동권을 행사할 수 있다. 노동조합으로 단결하지 않은 노동자는 단체교섭도, 단체행동도 할 수 없다. 협회나 연합회, 상조회, 동아리 같은 것을 하다가도 결국 노동조합을 만드는 이유는 노동3권은 노동조합만이 가지는 권리이기 때문이다.

"단결할 권리라니요? 난 혼자 사는 게 좋은데." 혹시 이렇게 생각하는 사람이 있을지 모르겠다. 그러나 노동자에게 가장 중요한 권리는 바로 단결권, '노동조합을 할 권리'이다. 그래서 노동조합을 만들고, 노동조합에 가입하고, 노동조합을 확대하고, 노동조합을 강화하는 것이 중요하다.

노동3권은 역사적 투쟁의 결과물

노동3권은 매우 강력한 권리이다. 그렇기 때문에 더더욱 우리 노동자는 자신의 권리를 잘 알고 그 권리에 따른 권한을 행사할 줄 알아야 한다. 권리 위에서 잠자는 자는 보호받지 못하기 때문이다. 무엇보다 노동3권은 선배노동계급의 희생어린 귀중한 투쟁의 결과물이다.

자본주의 헌법에는 '결사의 자유'라는 권리가 있다. 단체를 만들 수 있는 자유이다. 누구나 노동조합을 만들고 싶으면 만들면 되는데, 굳이 따로 <단결권>이 필요했던 이유는 무엇일까? 사실 여기에는 기막힌 사연이 담겨있다. 자본주의 초기에는 노동자들이 노동조합을 만드는 것을 법으로 금지했기 때문이다.

역사에서 노동자계급이 등장한 것은 250여 년 전 영국에서 시작된 산업혁명 이후였다. 기계제 대공업 시대가 열리자 노동자는 자본가들에게 무한 착취당했다. 노동자들은 매우 비참한 처지였다.

당시 영국 노동자는 보통 16시간씩 일하였는데, 6세 미만의 어린이조차도 10시간씩 탄광에서 일했다. 아동들은 방직공장에서 좁은 기계 사이로 끊어진 실을 연결하는 노동을 하였다. 탄광촌 임대주택에서는 세 가정이 방 한 칸에서 공동으로 생활하였다. 당시 영국 노동계급의 평균수명은 대략 20대 초반에 불과했다.

죽도록 일을 해도 끼니조차 때우기 힘든 노동자는 처음에는 기계를 적으로 생각하고 기계파괴운동(러다이트 운동)을 벌였다. 그러다가 장시간 중노동, 저임금, 산업재해 등을 해결하기 위하여 자본가를 상대로 노조를 만들고 집단행동에 돌입하기 시작했다.

자본가는 노동자의 이러한 집단행동을 제압하기 위해 '단결금지법'을 만들었다. 단결금지법은 1791년 프랑스, 1799년 영국 등에서 만들어졌다.

단결금지법은 노동조합과 파업(strike)을 범죄로 취급했고, '공모죄' 등을 적용해 구속, 조합기금 압류, 테러 등 탄압을 일삼았다. 그러나 노동자들의 끈질긴 투쟁에 의해 결국 영국은 단결금지법을 폐지했고, 1825년 '단결법'을 제정했다. 그러나 자본가는 단결권만 인정했지 단체교섭권, 단체행동권을 인정하지 않았다. 단결권, 단체교섭권, 단체행동권이라는 노동 3권이 온전하게 헌법에 명시된 것은 1917년 러시아 혁명, 1919년 독일 바이마르 공화국 헌법에서였다. 1919년 국제노동기구도 8시간 노동제를 명시했다. 노동자가 단결금지법에 저항하며 투쟁한 지 120여 년만의 일이다.

그렇다면 왜 노동자는 처음부터 단결의 자유를 가지지 못했을까? 자본가는 왕권에 대항하여 노동자와 손잡고 혁명을 일으켰고, 모든 인간에게는 집회와 결사의 자유가 있다고 주장했다. 그렇게 혁명에 성공한 이후 자본가들은 권력을 독차지하고 기업을 만들 자유, 기업활동의 자유를 마음대로 누렸다. 반면, 노동자가 단결할 자유는 인정하지 않았다. 아예 법으로 금지시켰다. 결국 집회와 결사의 자유는 자본가만의 것이었고, 노동자는 탄압의 대상이었다. 결국 노동자는 지난한 투쟁을 통하여 노동조합이라는 자신의 조직을 만들 권리를 쟁취하지 않으면 안되었다.

── 2) 사실 당신에게는 노동기본권이 절반밖에 없습니다

막상 현실에서 노동3권이라는 권리를 행사하는 것은 매우 어렵다. 자본가는 노동조합을 인정하지 않고, 단체교섭에 나오지 않으며, 단체행동에 온갖 탄압을 가한다. 왜 이런 일이 벌어지는 것일까?

자본주의란 자본이 주인인 사회이다. 그런데 한국사회는 예속 자본주의 사회이다. 한국사회는 미국에 종속되고, 재벌 위주의 천민자본주의사회이기 때문에 노동자의 권리는 더더욱 침해받고 있다.

노동자로 살아가기 힘든 사회

한국사회에서는 노동자를 권리를 가진 시민으로 인정하지 않는다. 첫째로 대미예속분단사회에서 노동조합은 '빨갱이 집단'으로 매도되어 왔으며, 지금은 '이기주의 집단'으로 매도되고 있다. 우리 사회에서 '빨갱이'라는 말의 의미는 무엇일까? 죽여도 좋다는 말이고 왕따시켜도 좋다는 의미이다. 그러니 노동조합에 대한 무자비한 탄압도 허용된다고 보는 것이다. 둘째로 노동자를 존중하지 않는다는 것이다. '무언가 부족한 사람, 모자라는 사람, 공부 안해서, 자기가 못나서 가난하게 사는 사람, 비천한 일을 하는 사람'으로 취급하겠다는 것이다. 그러나 우리나라 국민 중 열에 아홉은 노동자로 살아가고 있다.

다음 중 노동자가 아닌 사람은?　(정답은 다음 페이지 박스에 있습니다.)

1. 환경미화원　　　　4. 대학병원 의사

2. 아파트 경비원　　　5. 방송사 피디(PD)

3. 택배기사　　　　　6. 대학 교수

단결권의 현실

단결권을 행사하는 주체는 노동자이다. 즉 노동조합을 결성하고 단체교섭과 단체행동을 할 수 있는 권리를 가진 사람을 노동자라 한다. 자본가는 노동자를 사회적으로 멸시하면서 노동3권을 결사적으로 인정하지 않는다.

무엇보다 노동조합 결성은 '신고 사항'임에도 '허가 사항'처럼 운영하면서 노동조합 설립을 방해한다. 군사독재 시절에는 아예 '허가'를 받아야 했다. 더불어 교사, 공무원들은 명백히 노동자임도 불구하고, 노동3권을 온전하게 인정받지 못한다. 또는 산별노조를 인정하지 않고, 해고자 등 조합원이 아닌 자를 조합원으로 두었다고 노조를 인정하지 않는다. 외국에서는 경찰과 군인 등도 노동조합을 하고 있는데 우리나라에서는 법으로 금지된다. 이렇게 노동자임이 분명한 노동자에게 노동조합을 할 권리를 여러 가지 방법으로 인정하지 않는다.

또한, 노동자가 되고 싶어도 노동자가 될 수 없는 사람들, 그래서 노동조합을 만들어도 인정받지 못하고 노동3권을 온전히 행사할 수 없는 사람들이 있다. 바로 특수고용노동자, 플랫폼 노동자다. 자본가는 이들을 개인사업자나 자영업자라고 하면서 노동자로 인정하지 않으려고 한다. 이 때문에 특수고용노동자나 플랫폼 노동자는 노동3권의 사각지대에 놓여져 심각한 불이익을 받게된다. 건설기계, 화물, 학습지, 연기자, 마트 배송, 택배노동자 등 230만 특수고용노동자들은 '노동자성'을 인정 받기 위하여 오랫동안 투쟁해 왔고, 부분적인 성과를 얻고 있다.

2018년 국제노동기구(ILO)는 국제 종사상 지위 기준을 새로이 정했다. 특수고용노동자나 플랫폼 노동자를 '종속적 계약자(Dependent contractors)'로 규정하고 노동기본권을 보장해야 함을 명시하였다.

이렇게 자본가는 법으로 예외조항을 두어 노동자임에도 노동조합을 금지하거나, 비정규직을 양산하여 노동자가 아니라고 우기면서 단결권 자체를 박탈하기 위해 애를 쓴다.

> 정답 : 모두 노동자입니다.

단체교섭권의 현실

자본주의는 '계약의 자유'를 강조한다. 계약은 시장에서 이루어진다. 자본가는 시장에서 노동력을 구하고, 노동자는 일자리를 구한다. 이렇게 고용계약이 이루어진다. 그런데 문제는 이 고용계약에서 노동자는 항상 불리한 입장에 처한다는 점이다. 때문에 개별적 방식의 고용계약은 언제나 노예계약이 되고 만다. 그래서 노동자는 취업규칙, 임금, 노동시간, 근로조건 등의 향상을 위하여 노동조합으로 뭉쳐서 집단교섭을 요구하게 된다. 이렇게 개별적인 노예계약을 집단적으로 개선하고 수정을 가할 수 있는 권리가 단체교섭권이다.

그러나 자본가는 다양한 방법으로 단체교섭을 회피하려고 한다. IMF 외환위기 이후 다양한 형태의 비정규직이 확대됨으로써 노동조합을 만들더라도 사실상 단체교섭을 할 수 없는 비정규직 노동자가 크게 늘었다.

비정규직 노동자 고용형태	
직접고용 비정규직	기간제 노동자 : 계약직, 임시직, 일용직, 촉탁직
	시간제 노동자 : 파트타이머, 아르바이트
간접고용 비정규직	파견 : 파견법에 의한 간접고용
	용역 : 용역경비업법, 공중위생법, 공동주택관리령
	노무도급, 사내하청, 외주용역 - 대부분 불법파견
특수고용 비정규직	업무위탁 : 학습지교사, 보험모집인, 레미콘 기사, 택배기사
	프리랜서 : 방송 작가, 리포터
	알선 : 골프장 경기보조원(회사와 계약 없음)

하종강 : '학교에서 노동교육이 필요한 이유' 중에서 발췌

자본가는 노동자를 간접고용하는 방법으로 단체교섭을 회피한다. 외주화, 하청 등을 통하여 자신이 사용자임을 부정할 수 있기 때문이다. 이로서 간접 노동자는 "원청 사장(진짜사장) 나오라"는 요구를 가지고 험난

한 투쟁을 해야 한다. 이들 사이에 낀 인력 업체나 외주업체들은 모두 원청의 명령에 따르는 허수아비에 불과하며 인신매매라 해도 무방한 중간 착취자들이다. 그러나 실제 사용자는 교섭에 나오지 않아 원만한 교섭을 하지 못하고, 따라서 노동자들의 투쟁은 격렬하게 진행되거나 장기화되는 경우가 많다.

다른 하나는 특수고용 노동자와 같이 노동자를 개인사업자, 자영업자로 둔갑시켜 노동자임을 인정하지 않는 것이다. 이들은 사용자가 명백히 있음에도, 노사계약을 체결하지 않았다는 이유로 교섭을 거부당한다.

택배업처럼, 많은 이런 형태들이 섞여 있다. 택배사는 대리점에 하도급을 주고, 대리점이 특수고용 노동자에게 위수탁을 주는 경우는 이 두 가지가 모두 결합된 가장 악랄한 사례이다. 원청은 대리점 뒤에 숨어, 노동자는 개인사업자라며 노동조합을 인정하지 않는다.

자본가가 교섭을 회피하는 경우는 산별교섭에서도 나타난다. 노동조합은 단위 노조와 그 연합단체를 의미한다고 명시되어 있다. 노동자는 더 크게 단결하기 위하여 산별노조로 뭉치고 산별차원의 교섭을 제기한다. 그러나 자본가들은 사용자단체가 교섭 상대가 아니라면서 기업별 차원의 교섭만 인정한다. 공기업의 경우에는 정부나 지방자치단체가 교섭대상이다. 각 부처나 공기업의 예산은 기획재정부가 결정하기 때문에 사실상 원청이지만, 교섭에는 나타나지 않는다.

노동자들의 근로조건은 회사의 경영 방침에 따라 큰 영향을 받는다.

그러나 노동조합은 경영 문제에 해당하는 내용을 교섭 대상으로 할 수 없다.

또한 노동자의 고용, 임금, 정치·경제·사회적 지위는 그 나라의 정치 환경, 사회 구조에 의해 영향을 많이 받게 된다. 그래서 노동자는 고용, 임금과 근로조건에 결정적 영향을 주는 정치경제사회적 문제를 제기하며, 정부와의 교섭을 요구하게 된다. 그러나 정부는 노동자의 요구에 응하지 않는다.
복수노조에서는 교섭창구를 단일화해야 하는 문제가 있어 소수노조의 경우 사실상 단체교섭권을 행사하지 못하는 경우가 발생한다.

이렇게 노동계급이 단결권을 쟁취하여 노동조합을 결성한다 할지라도 자본가는 단체교섭에 이르기까지 무수한 함정을 파놓고 교섭을 회피하는 것이 현실이다.

단체행동권의 현실

단체행동권은 노동조합의 가장 강력한 권한이다. 노동자들은 노동조합의 요구를 관철하기 위하여 집단행동을 할 수 있기 때문이다. 단체행동에는 파업(Strike), 태업(Soldiering), 사보타지(Sabotage), 생산관리, 보이콧(Boycott), 피케팅(Picketing), 직장점거, 준법투쟁 등이 있다. 파업은 노동력 제공을 전면적으로 거부하는 투쟁이다. 파업은 총파업, 부분파업, 지명파업 등이 있다. 태업은 노동조합이 노동력을 제공하지만 고의적으로 업무효율을 약화시키는 투쟁이다. 사보타지는 적극적으로 생산, 업무활동을 방해하거나 원자재나 생산시설을 파괴하는 투쟁이다. 생산관리는 사업장을 점거하여 직접 기업을 경영하는 투쟁이다. 보이콧은 불매운동, 근로계약 체결 거절 투쟁이다. 피케팅은 파업노동자 이탈을 방지하고, 대체근로를 저지하기 위해 파업동조와 지지를 호소하는 투쟁이다. 이러한 쟁의행위는 합법, 반합법, 불법적으로 진행된다.

자본주의 국가는 대체로 노동자들의 파업권에 대해 매우 까다로운 제한을 가하고 있다. 그 이유는 무엇일까?

자본주의 헌법에는 모두 '국민 저항권' 정신이 담겨 있다. 왕의 통치를 혁명으로 전복하려면 국민을 억압하는 정부에 대해 혁명과 반란으로 전복할 수 있다는 혁명적인 저항권 정신이 필요했던 것이다. 미국은 영국 식민지에서 독립하기 위하여 '저항권'을 헌법정신으로 못박았다. 그러나 자본주의가 안정된 후 이 저항권은 자유민주주의 질서를 유지하는 범위 안에서 진행되어야 한다는 것으로 축소된다. 자본주의를 전복하는 혁명적 저항권은 자본가가 인정할 수 없기 때문이다.

자본주의 이후에 출현한 노동계급의 단체행동권은 자본가에 대한 저항권을 부분적으로 허용한 것이다. 왜냐하면 노동계급의 방어권과 저항권을 어느 정도 인정하지 않으면, 진짜 혁명이 일어날 수 있기 때문이다. 그러나 노동자들도 헌법에 보장된 강력한 저항권을 행사할 수 있다. 노동자의 파업은 언제나 변혁적인 투쟁으로 발전할 가능성을 갖고 있다. 때문에 자본가는 노동자의 파업, 태업 등의 투쟁이 체제전환적인 투쟁으로 발전하지 못하게 다양한 안전장치를 해 놓는다. 자본주의 하에서 단체행동권은 자본이 우위에 있는, 기울어진 운동장 자체를 바꾸는 것을 허용하지는 않는다.

그런데 한국사회의 운동장은 너무 심하게 기울어져 있다. 한국 노동자의 단체행동권은 다른 나라에 비해 매우 심각할 정도로 제약받고 있다. 매우 오랫동안 노동조합 결성, 단체교섭은 물론이고, 단체행동이 거의 불가능했던 군사독재 시절을 겪어왔다.

오늘날에도 한국 노동조합의 단체행동권은 매우 취약하다. 이를 테면 '필수공익시설에서는 파업을 하면 안된다', '기업별 단위사업장을 벗어나 산업별 연대파업은 안된다', '교사, 공무원은 파업을 하면 안된다', '쟁의행위는 어디까지나 임금, 근로조건 등에 국한되며, 경영권이나 정치적 요구를 가지고 파업을 하면 안된다', '자본가들도 직장폐쇄라는 역파업을 할 수 있다' 등등으로 사실상 파업이 불가능한 사업장들이 부지기수이다.

파업 절차도 매우 까다롭게 만들어 놓는다. '쟁의행위 이전에 중재와 조정과정을 거쳐야 한다'는 식으로 파업에 돌입하는 절차는 매우 까다롭기 그지 없다.

한국에서 조합원들이 쟁의행위 끝에 해고, 수배, 구속, 손배가압류 등 가혹한 처벌을 받는 이유는 사실상 단체행동권을 행사하지 못하도록 다양한 방식의 족쇄를 채워놨기 때문이다.
우선 매우 절실한 노동조합의 요구라 할지라도 단체교섭의 대상이 아니라는 이유로 교섭을 거부·해태함으로써, 노동조합이 극단적인 투쟁에 나설 수 밖에 없도록 만든다. 그리고 막상 쟁의행위에 돌입하려고 해도 교섭력을 높일 수 있는 쟁의행위는 거의 불가능하게 만들어 놓았기 때문에 불법을 감수하고 투쟁하는 경우가 다반사로 된다.

때문에 한국 노동자는 자본가와의 교섭에서 성과를 내기 위해서는 한 걸음 한 걸음 매우 강도 높은 투쟁을 전개하지 않으면 안된다.

한국 노동자는 온전한 노동3권을 쟁취하기 위해 꾸준하게 전진하고 있다.
민주노총은 40만 명으로 시작해서 120만 시대를 열어가고 있으며, 비정규직 노동자도 30만 명을 넘어서고 있다. 한국 노동조합은 완강한 투쟁을 통하여 산별교섭을 쟁취해 나가고 있고, 교섭대상도 경영문제, 정치적 문제로 확대하고 있다. 이전에는 불법이었던 단체행동도 오늘날에는 합법적인 단체행동으로 인정받는 경우가 늘어나고 있다.

—— 3) 더욱 확대된 노동기본권을 위하여

노동3권을 확대하기 위하여

노동법을 바꾸는 것이 헌법을 바꾸는 것보다 힘들다는 말이 있다. 그만큼 노동기본권을 보장하는 것은 체제를 변혁하는 수준의 사회적 변화를 가져오기 때문이다.

경찰과 군인들이 노동조합을 할 수 있고, 공무원, 교사, 경찰과 군인이 파업권을 행사할 수 있다면 한국사회는 엄청난 변화가 올 것이다. 행정, 교육, 공권력 행사에서 엄청난 변화가 올 것이다. 철도나 발전소 노동자들의 필수인원은 파업하면 안된다는 조항이 풀린다면 공기업의 민영화, 사유화 시도를 더 잘 막을 수 있을 것이다. 산별교섭이 의무화되어, 삼성이나 현대기아자동차그룹이 산별교섭장에 나오지 않아 처벌을 받는 상황이 된다면 원하청 불공정 거래도 막을 수 있고, 정리해고도 함부로 못할 것이며, 산업전환 과정에서 노동자의 목소리에 더욱 귀를 기울일 것이다. 모든 기업에 노동조합이 노동이사를 파견할 수 있고, 기업의 경영권에 대한 감시를 강화할 수 있다면 재벌체제를 개혁하고, 공기업을 혁신하는 데 엄청난 변화가 몰아칠 것이다. 보건의료노조에서 체결한 단체교섭이 노동조합에 가입하지 않고 병원에서 일하는 모든 노동자에게 적용된다면, 코로나 시대에 보았듯이 부족한 공공의료인력을 더욱 빠르게 확충할 수 있을 것이다. 그러나 이런 것들은 아직 법으로 금지되어 있다. 자본가는 노동자의 투쟁없이는 단결권, 단체교섭권, 단체행동권을 절대로 더 내주지 않는다. 하나하나가 투쟁으로만 쟁취할 수 있는 과제들이다.

고용에 관한 권리의 위협

1987년 노동자 대투쟁 이후 확장일로에 있던 노동3권이 오히려 후퇴하기 시작한 것은 IMF 외환위기 직후부터였다. 노동자는 단결권에서부터 직격탄을 맞았다. 고용에 관한 권리가 심각하게 위협을 받은 것이다.

정리해고법 통과로 정규직 노동자도 정리해고의 위험에 노출 되었다. 파견법, 기간제법의 통과로 비정규직 노동자가 양산되었다. 단결권은 일단 고용된 이후에 행사할 수 있는 권리이다. 그러나 자본가는 고용된 노동자를 마음대로 해고할 수 있게 되었고, 비정규직과 청년들은 안정된 일자리를 구할 수 없게 되었다. 노동조합을 만들 수 있는 권리가 있다한들 불안한 일자리 때문에 노동조합을 할 수가 없고, 노동조합을 만들어도 단체교섭권과 단체행동권을 행사하기 힘들다. 그렇다고 실업급여를 충분히 받을 수 있는 것도 아니다. 비정규직 노동자는 고용관계가 애매해서 노동자로 인정받지 못해 노동조합을 하기가 더욱 힘들다. 이렇게 정리해고와 비정규직 시대는 고용불안을 만들고, 고용불안은 단결권을 밑뿌리부터 뒤흔들었다.

그런데 이제 고용문제는 단순히 단결권을 위협하는데 그치는 것이 아니다. 고용 그 자체, 노동계급의 생존 그 자체를 위협하는 시대에 들어섰다. 4차 산업혁명으로 인하여 이제는 상대적 실업에서 절대적 실업시대가 도래하고 있다. 일자리의 붕괴는 더욱더 노동자들의 생존권을 무너뜨리고 적은 임금과 장시간 노동, 위험한 작업을 강요하며 노예가 되기를 요구한다.

이제 고용에 관한 권리는 기업의 자유의사에만 맡길 수 없는 시대가 되었다. 한국의 기업은 오히려 값싼 노동력을 찾아 외국으로 가고있다. 이제 고용을 국가와 사회가 책임져야 한다. 그리고 기업에 고용안정을 강제해야 한다. 민주노총이 고용을 국가가 책임져야 한다고 주장하는 이유는 여기에 있다.

앞으로 노동3권 뿐만 아니라 노동3권의 전제가 되는 고용안정권을 쟁취하기 위해 더욱 강력하게 투쟁하지 않으면 안된다.

열악한 복지

노동3권 이외에도 노동자는 근로기준법, 최저임금법, 4대보험이라는 사회안전망의 보호를 받아야 한다. 그러나 노동자의 최저근로조건을 명시한 근로기준법은 아직도 모든 노동자에게 적용되지 않으며, 최저임금은 최고임금제로 작동하고 있다. 4대보험 역시 열악하기 짝이 없다.

한국사회에서 일자리를 잃으면 그야말로 지옥에 빠진다. 아무런 안전망이 없기 때문이다. 인간이 실업상태에 빠져도 그나마 버틸 수 있고 새로운 일자리를 찾기 위해 준비할 수 있는 것은 4대보험과 같은 복지안전망이 튼튼할 때 가능하다.

그러나 경제력이 세계 10위 안에 든다는 한국의 복지예산은 선진국 평균 절반에 못 미치고, 노동시간, 산업재해, 자살률, 노인빈곤률, 청년실업률 등 모든 안좋은 복지관련 지수는 1, 2위를 다툰다. 한국의 불평등 지수는 프랑스 대혁명 시기보다 높고, 조선말 동학 농민전쟁 때보다 높다. 한국은 미국 다음으로 가장 불평등한 나라다. 교육불평등이 심각하여 부의 대물림으로 이어지고 있다. 그리고 정규직과 비정규직, 남성과 여성, 학력과 주거지역, 국적에 따른 차별 역시 매우 심각하다.

불평등의 주범은 미국 금융자본과 외투기업, 재벌이다. 한국의 금융과 알짜기업을 소유하고 끊임없이 국부를 빼나가는 미국 금융자본, 달면 삼키고 쓰면 뱉는 먹튀 행각을 반복하는 외국투자기업, 중소기업의 발전을 제약하고 비정규직 양산의 주범인 재벌. 이 불평등체제를 바꾸지 않고서는 노동자와 국민들은 어떠한 기본적 권리도 제대로 누릴 수가 없다. 한국사회에서 초보적인 권리를 위한 투쟁이 체제전환을 위한 투쟁으로 될 수밖에 없는 이유이다.

노동기본권이 보장된 만큼 한국사회는 발전한다

인간은 누구에게나 기본권이 있다. 모든 나라는 헌법상 국민의 기본권을 보장해야 한다. 생존권, 발전권, 행복할 권리가 모두 인간의 기본권에 관한 것이다.

인간이 생존하려면 위험한 환경에 처하지 말아야 하며, 일자리가 있어야 하고 최소한의 임금이 보장되어야 한다. 인간이 발전하려면 교육을 받을 수 있어야 하고, 차별받지 않고 평등한 대우를 받아야 한다. 행복하게 살려면 정당한 분배와 복지가 이루어져야 하고, 안정된 노후가 보장되고 지속가능한 사회경제환경에서 살 수 있어야 한다. 그러나 세계선진국에 도달했다는 한국에서 이러한 초보적인 기본권을 누리기가 매우 힘들다. 그런데 가만히 살펴보면 이러한 기본권들은 모두 노동자의 기본권과 밀접하게 관련된 것들이다. 구체적으로 노동3권과 고용안정, 근로기준, 최저임금, 4대보험(고용보험, 건강보험, 산재보험, 국민연금)과 관련된 것들이며, 크게 보면 모두 노동기본권에 속한다. 결국 대다수 국민의 기본권이 제대로 보장되지 못하고 위태롭고 불안한 것은 사실상 노동기본권을 제대로 보장받지 못해서 발생하는 문제임을 알 수 있다.

노동기본권을 제대로 보장하는 것이 곧 전체 국민의 기본권을 보장하는 길이라는 뜻이다. 이 말은 노동자가 사회발전의 주역이며 기관차라는 것을 의미한다.

노동기본권은 항쟁의 산물, 정치의 결과

역사적으로도 국민의 기본권, 노동자의 기본권은 혁명과 항쟁의 산물이었다.

인간의 자유에 관한 기본권은 왕정을 타도하고, 시민의 권리를 확립하기 위한 혁명투쟁 속에서 확립된 것이다. 완전고용과 노동3권, 복지국가에 대한 사회적 권리는 자본주의 세계대공황과 전쟁, 사회주의 혁명의 물결 속에서 자본가의 양보의 결과로 만들어진 쟁취물이다.

그렇다고 노동3권과 노동복지가 단순히 격렬하게 투쟁했다고 이루어진 것은 아니다. 노동자가 직접 투쟁을 주도하는 정당을 만들고, 실제로 항쟁이나 선거를 통해 집권을 하여 노동자 민중의 정부를 세우고 그 구상을 실현함으로써 이루어진 결과물들이다.

1980년대 이후 미국식 신자유주의 세계화는 이 모든 것을 무너뜨리고 노동3권의 후퇴와 복지 후퇴, 역사상 최악의 불평등 시대를 만들었다. 특히 미국에 종속된, 지구 최악의 사익추구 집단인 한국 재벌은 극단적인 양극화와 불평등을 확대재생산하고 있다. 한국 노동계급이 노동3권과 각종 노동기본권을 쟁취하려면 일상적인 투쟁과 함께 세상을 바꾸는 체제전환적인 투쟁을 벌여나가야 한다. 그리고 스스로 정당을 만들고 집권을 계획해야 한다. 그것이 노동기본권을 쟁취하는 가장 빠른 길이다.

2. 노동조합 이야기

─── **1) 단결과 투쟁의 무기**

뭉치면 주인되고 흩어지면 노예된다

노동자가 가진 것이라고는 몸뚱아리 밖에 없다. 즉 노동력, 노동할 수 있
는 능력이 전부이다. 그러나 자본가는 가진 것이 많다. 일단 자본이 있
고, 권력이 있다. 자본은 노동자를 고용하여 이윤을 창출할 수 있는 생산
수단과 유통수단을 가지고 있다는 의미이다. 또한 자본은 언론미디어, 금
융을 가지고 있다. 때문에 노동력 말고는 아무것도 가진 것이 없는 노동
자는 개별적으로 노예계약에 따라 일할 수밖에 없다. 다행스럽게도 노동
자에게 가진 것이 하나 있다. 그것은 쪽수이다. 어떤 사회이든 자본가는
소수이고 노동자는 다수이다. 그래서 다수가 뭉치면 막강한 힘을 발휘하
게 된다.

조직적 단결

노동자의 단결은 반드시 조직적 단결이어야 한다. 그것이 노동조합이다. 그렇다면 조직적 단결이라는 의미는 무엇일까?

첫째로, 조직적 단결은 일상적이고 항구적인 단결이다.
아무리 촛불광장에 수많은 사람들이 모여도 조직이라는 그릇에 담지 않으면 광장에 나올 때만 힘을 발휘할 뿐이다. 거리에서의 단결은 조직적 단결로 나아가야 한다. 그래야 조직적인 단결이 일상적이고 항구적인 힘으로 작용할 수 있다. 거리에 모였다가 다시 흩어지는 단결에 대해서 자본가는 모였을 때만 겁을 낸다. 그러나 거리에 모인 사람들이 계속 조직적으로 단결하고 있으면 자본가는 거리에 모여있을 때나 현장에 있을 때나 노동자를 존중하게 된다. 언제나 조직적으로 단결하고 있기 때문이다.

둘째로, 조직적 단결은 점점 더 힘을 축적하는 단결이다.
노동자는 노동조합으로 단결해야 점점 더 조합원을 늘려나갈 수가 있다. 그리고 노동조합을 더욱더 강화할 수 있다. 양적으로 조합원을 늘려나가고 질적으로 교육하고 투쟁하면서 노동조합은 더욱더 튼튼한 조직으로 발전한다. 이렇게 조직력이 강화되면 자본가를 상대로 교섭력도 강화되고 투쟁력도 강화된다.

노동조합의 형태

노동조합에는 여러 가지가 있다. 기업별 노조도 있고, 직종별, 산업별, 지역별 노조도 있다. 노동자는 단결의 그릇을 더 크고 더 강하게 만들어야 한다. 때문에 처음에는 기업별 노동조합으로 시작했다 할지라도 차츰 산업별 노동조합으로 발전하려고 한다.

산업별 노동조합은 두 가지 점에서 가장 강력한 단결의 그릇이다. 하나는 동질성을 가진 노동자들의 가장 최대규모 조직이라는 점이다. 금속, 화학, 공공, 운수, 서비스, 교사, 공무원 등 주요 산업 중심의 단결이 용이하다.

다른 하나는 산업별로 자본의 집결처를 위력적으로 상대할 수 있기 때문이다. 산업분류를 어떻게 할 것인가는 시대와 나라마다 다르다. 오늘날 산업별 경계선이 많이 무너지거나 융합하고 있기 때문에 산별의 경계선을 정하기는 좀 복잡하다. 그러나 중요한 것은 노동자들의 단결력을 극대화할 수 있는 방식으로 산별노조를 만드는 것이다.

단결한 노동자는 패배하지 않는다

노동조합은 단결의 무기이자 투쟁의 무기이다.

노동조합은 단순한 친목단체가 아니라 자본가를 상대로 교섭을 하고 투쟁을 하는 조직이다. 때로는 노동자는 자본가를 상대로 매우 힘겹고 어려운 투쟁을 해야 할 때도 있다. 때문에 노동조합은 단결의 무기일 뿐만 아니라 투쟁의 무기이다. 자본가와의 투쟁에서 승리하려면 노동자는 노동조합을 중심으로 군건하게 단결해야 한다. 지도부를 중심으로 요구의 일치, 행동의 일치가 일사불란하게 보장되어야 승리할 수 있다. 지도부를 중심으로 군건하게 단결한 노동조합은 패배하지 않는다. 그러나 지도부를 중심으로 단결하지 못한 노동조합은 자본가의 탄압과 회유를 이겨내지 못하고 패배한다.

노동조합을 생활과 노동, 학습과 투쟁의 공동체로

노동조합이 없던 시절과 노동조합이 만들어진 이후의 생활을 비교해 보자. 무엇이 달라졌나? 아마 갑질도 약화되고, 비로소 인간대접도 조금씩 받기 시작했을 것이다. 처우도 많이 개선되었을 것이다. 그러나 여기서 멈출 수 없다. 더 나아가야 한다. 그런데 노동조합을 오래하다보면 조직력이 약해지는 경우도 많다. 왜 그럴까? 노동조합의 단결력을 한 차원 높게 발전시키지 못했기 때문이다.

단결과 투쟁의 무기로서 시작된 노동조합의 단결은 다음 단계인 공동체적 단결로 나아가야 한다. 여기에서 새로운 도약을 이룩하지 못하면 다시 회사에게 포섭당해 어용노조가 되거나, 있으나마나한 노조로 전락하고 만다.

임금인상이나 근로조건 개선을 위한 단결과 투쟁의 무기에서 생활과 노동, 배움과 투쟁의 공동체로 발전시켜나갈 때 노동조합은 백전백승의 조직으로 발전된다. 사용자와 백 번 싸워도 백 번 다 이기는 조직이 될 수 있다는 뜻이다.

먼저 노동조합은 생활공동체가 되어야 한다. 노동조합이 생활과 문화, 가족까지 챙기는 각종 체육문화 프로그램을 꾸준히 개발해 나가야 한다. 다음으로 노동의 공동체란 결국 현장노동, 노동시간, 노동강도, 노동환경에 대한 노동조합의 통제력을 높여가야 한다는 의미다. 그것도 집단적인 힘으로 높여가야 한다.

특히 배움의 공동체가 중요하다. 노동조합은 단순히 임금이나 올려주고, 근로조건이나 개선해주는 것이 아니라 조합원들의 인간적인 성장을 이룩해주는 학교이다. 노동조합을 통해 처음 듣는 이야기도 많고 세상을 보는 눈도 달라진다. 어떤 조합원은 노동조합 이전의 세상은 '흑백TV'같은 세상이었는데, 노동조합을 하고 나서 '칼라TV'로 바뀌었다고 이야기했다. 노동조합은 조합원들이 자기운명의 주인으로 성장하는 배움의 공동체, 학교로 발전시켜야 한다.

노동조합은 당연히 투쟁의 공동체이다. 공동체란 함께 싸우고 함께 승리하는 것이다. 여기서 강력한 집단적 동지애가 발생한다. 어렵게 투쟁해본 노동자는 안다. 노동조합이 자신의 생명이라는 것을. 노동조합이 없어지면 다시 노예시절로 돌아가기 때문에 노동조합을 생명처럼 아끼게 된다. 노동조합을 생명처럼 아낀다는 것은 조합원들 사이에 투쟁 속에서 다져진 동지애가 넘쳐난다는 뜻이다. 여러 가지 문제들이 많이 있겠지만 동지애로 모든 것을 극복할 수 있는 힘이 생긴다는 뜻이다. 노동조합의 조직적 단결은 투쟁 속에서 시련을 딛고 함께 쌓은 동지애로 차 넘칠 때 가장 강력한 단결로 변한다. 이렇게 노동조합은 처음에는 단결과 투쟁의 무기로 시작하지만 궁극에는 하나의 운명공동체 집단으로 성장해 가야 높은 단결력으로 승승장구할 수 있다.

─── 2) 노동조합을 노동조합답게 하려면

노동조합을 노동조합답게 하려면 노동조합이 과연 어떤 조직인지 알아야 한다. 그리고 거기에 맞게 건설하고 운영하고 강화시켜야 한다. 노동조합은 크게 다섯가지 성격을 가지고 있다. (1)대중조직, (2)정치조직, (3)자주적 조직, (4)민주적 조직, (5)계급적 조직이다.

(1) 대중조직

노동조합은 노동자라면 누구나 가입할 수 있는 대중적인 조직이다. 사상과 종교, 학력과 나이, 성별과 국적을 불문하고 누구나 가입할 수 있다. 때문에 원칙적으로 누구는 되고 누구는 안된다고 할 수 없다. 한국에서 노동자가 2,500만 명이라고 하면 노동조합은 2,500만 명을 거느리는 가장 커다란 조직이 될 수 있다. 한 사회에서 국가 다음으로 큰 조직이 노동조합이다. 바로 이 점이 노동조합이 대중조직으로서 가지는 가장 큰 강점이다. 앞으로 민주노총을 500만 조합원, 1000만 조합원 노동조합으로 더욱 더 발전시켜 나가야 한다.

노동조합은 누구나 가입할 수 있는 조직이지만 저절로 확대되지는 않는다. 특히 한국사회에서는 노동조합 확대가 매우 어렵다. 노동조합이 500만, 1000만 대중조직으로 발전하려면 노동조합을 진정한 노동자의 학교로 만들어야 한다. 이미 조직된 조합원들이 스스로 노동조합의 주인이 되고, 사회와 역사의 주인이 되고, 주인으로 성장하는 학교로 만들 때 노동조합이 꾸준히 확대할 수 있는 강력한 의지적 힘을 가질 수 있다. 노동조합이 대중조직이라는 말은 노동조합이 노동자의 학교라는 말과 같은 말이다. 생각이 바뀌면 행동이 바뀌고 행동이 바뀌면 자기운명을 바꿀 수 있기 때문이다.

(2) 정치조직

우리나라 노동법은 '노동조합'을 '노동자가 주체가 되어 자주적으로 단결하여 근로조건의 유지·개선 기타 노동자의 경제적, 사회적 지위의 향상을 도모함을 목적으로 조직하는 단체 또는 그 연합단체'[1] 라고 정의한다.

이 정의에 따르면 노동조합은 노동자의 이익을 대변하는 이익단체라는 것이 된다. 왜냐하면 사회적 지위 향상 다음에 '정치적 지위향상'이라는 말이 빠져있기 때문이다. 이것은 매우 의도적이다. 노동조합이 정치를 하면 안된다는 의미가 강력하게 담겨있기 때문이다. 그런데 친자본적 수구보수세력이나 조중동 언론은 노동조합이 국민의 이익을 생각하지 않고, 노동자의 이익만 추구하는 '집단이기주의'를 한다고 매도하고 있다. 노동자는 국민의 절대다수이며, 노동자의 이익이 곧 국민의 이익이 된다는 점에서 노동조합 활동을 집단이기주의로 매도하는 것은 어불성설이다. 더 이상한 점은 법에서는 노동조합은 정치를 하지 말고 이익단체만 하라고 하면서, 집단이기주의를 한다고 매도하는 것이다.

---

1) 노동조합 및 노동관계조정법 제2조 4항

노동조합은 자신의 지위를 향상시키기 위해서 뿐만 아니라 전체 국민의 이익을 위해서도 반드시 정치적 활동을 도모해야 한다. 노동자의 근로조건 하나를 개선하자고 해도 정치적 문제가 아닌 것이 없기 때문이다. 고용, 임금, 근로시간, 근로조건 어느 하나도 법으로 정해지지 않는 것이 없고, 정치가 결정하지 않는 것이 없다. 그래서 노동조합은 본질적으로 정치조직일 수밖에 없다. 법상으로도 노동조합은 '노동자가 주체가 되어 자주적으로 단결하여 근로조건의 유지·개선 기타 노동자의 경제적, 사회적, <정치적> 지위의 향상을 도모함을 목적으로 조직하는 단체 또는 그 연합단체'라고 하는 것이 옳다.

노동조합이 정치조직으로 되는 것은 저절로 되지 않는다. 누가 대신해 주는 것도 아니다. 오히려 방해하고 탄압한다. 노동자의 정치적 진출은 오직 노동조합 스스로의 노력과 힘을 통해서만 가능하다.

(3) 자주적 조직

노동조합은 노동자가 주인이 되어 자주적으로 단결한 '자주적 단결체'이다. 노동조합은 누가 시켜서 만든 조직이 아니라 자본가에 대한 노예상태, 굴종상태를 개선하기 위해서 노동자 스스로가 만든 조직이다. 그렇기 때문에 자주성을 생명으로 한다.

노동조합의 자주성을 억압하는 요인은 여러 가지가 있다. 해당 사업장 사용자의 부당한 간섭과 불법행위도 있고, 정권의 지배와 탄압도 있다. 또한 제국주의적 침략과 약탈도 존재한다. 노동조합은 노동자의 자주성을 억압하는 모든 요인에 맞서 투쟁할 때 자신의 사명을 다할 수 있다.

노동법에서는 눈에 보이는 사용자의 부당노동행위만을 노동조합의 자주
성을 침해하는 요인으로 간주하지만, 한국사회에서 사용자는 정권과 외
세를 등에 업고 노동조합을 탄압하는 경우가 대부분이기 때문에 노동조
합이 자주성이 지키려면 이들과의 투쟁이 불가피하다. 실례로 가장 자주
적인 노동조합이었던 해방 직후의 조선노동조합 전국평의회는 미군정의
폭압과 탄압으로 와해되고 말았으며, 그 이후에도 노동조합을 가장 악
독하게 탄압한 것은 친미군사독재정권이었다. 그리고 한국의 재벌은 예
외없이 일본 제국과 미 제국에 의해 키워진 친일친미세력들이다. 따라서
노동조합은 자신의 자주성을 지키기 위하여 악질 사용자뿐만 아니라 재
벌, 친미예속정권, 제국주의와도 투쟁하여야 한다.

(4) 민주적 조직

노동조합 민주주의는 첫째로 '조합원이 주인이 되는 민주주의'이다. 민
주주의란 말 자체가 '민에 의한 권력'을 의미한다. 노동조합에서 민은 조
합원이다. 따라서 노동조합의 모든 권력은 조합원으로부터 나온다. 조합
원들은 각양각색이지만 '노동조합의 주인은 조합원'이라는 사실에는 변
함이 없다. 따라서 조합원이 주인으로서, 주체로서 활동할 수 있도록 모
든 조치를 다 취해야 한다.
간혹 간부가 노동조합의 주인처럼 행세하는 경우가 있다. 어려운 조건에
서 노동조합의 간부로 활동하는 것은 존경받고 칭찬받을 일이다. 그러나
간부가 노동조합의 주인은 아니다. 간부의 역할과 조합원의 역할은 대립
되지 않는다. 간부의 활동이란 곧 조합원들을 노동조합의 주인으로서 지

위를 보장하고 그 역할을 다 할 수 있도록 하는 것이 핵심이기 때문이다.

둘째로, 노동조합 민주주의는 '삼위일체 민주주의'이다. 간혹 노동조합 민주주의를 '삼권분립 민주주의'로 오해하는 경우가 있다. 정부와 국회, 사법 삼권이 서로 견제와 균형을 이루는 것처럼 노동조합도 대의원이 집행부를 견제하고, 감사기구가 감시감독해야 한다고 생각하는 것이다. 때문에 일부 노조간부들 중에는 '노동조합 대의원은 삼권분립된 국가의 국회처럼 집행부를 견제해야 한다'는 생각으로 대의원대회 때마다 집행부에 대해 시비를 거는 사람들이 있다. 그러나 이것은 전적으로 오해이다. 이해관계가 자본가와 노동자로 갈라진 자본주의 사회에서는 삼권분립이 필요하다. 그러나 노동조합은 노동자로서 이해관계와 요구가 근본에서는 일치한다. 따라서 노동조합 집행부와 대의원, 감사기구는 서로 견제와 균형을 하는 것이 아니라 조합원의 의사를 집대성해서 삼위일체가 되어 자본가와 제대로 투쟁하는 단결력을 가지는 것이 더 중요하다.

셋째, 노동조합 민주주의는 '민주집중 민주주의'이다. 자본주의 '다수결 민주주의'는 결과에는 승복하나 따르지는 않는다. 예를 들어 대통령선거에서 1표라도 적어 패배하면 그 결과는 인정하고 승복하지만, 대통령의 정책에 대해서는 따르기도 하고, 반대하기도 하고 심지어 투쟁하기도 한다. 그러나 노동조합은 다수결 민주주의가 아니라 민주집중 민주주의여야 한다. 즉 의사를 결정할 때는 자유롭게 토론하고 다수의견과 소수의견이 다양하게 제기될 수 있지만, 일단 결정이 난 다음에는 모두가 일사불란하게 그 결정에 따라 행동해야 한다. 자신이 반대한 안건이라고 해서 따르지 않거나 집행을 방해하는 행동을 해서는 안된다. 그러면 노동조합의 단결력과 조직력은 약화될 수밖에 없다.

넷째로, 노동조합 민주주의는 '조직적 민주주의'이다. 조직적 민주주의란 조직운영, 조직적 소통에 만전을 기해야 한다는 의미이다. 민주주의 정치란 민의 의사를 집대성한 정치를 말한다. 때문에 노동조합의 모든 의사 결정과 집행과정은 조합원의 의사를 집대성해서 진행해야 한다. 노동조합은 체계적인 조직질서 속에서 조합원의 의사를 수렴하고 집행한다. 조합원 총회, 대의원대회, 중앙위원회, 상임집행위원회, 위원장 등등의 체계가 그것이다. 이러한 조직체계가 늘 원활하게 돌아가도록 해야 조합원들의 의사가 제대로 집대성될 수 있다.

민주노총은 한국사회에서 가장 민주적인 조직이다. 어떤 조직도 민주노총만큼 민주적으로 운영하지 않는다. 이러한 민주노총의 기풍이 한국사회를 더욱 민주적으로 바꾸어갈 것이다. 민주노조는 오늘의 민주주의에 만족하지 말고 부족점들을 끊임없이 개선하면서 노동조합을 더욱 더 민주적으로 운영하기 위해 노력해야 한다.

(5) 계급적 조직

노동조합은 노동자들의 계급조직이다.
노동자들의 계급성이란, 노동자들은 가진 것이 없기 때문에 세상을 가장 철저하게 바꾸고자 하는 입장을 가지게 된다는 의미이다. 왜냐하면 세상을 철저하고 강력하게 바꾸지 않고서는 노동자의 처지와 운명이 별로 개선될 것이 없기 때문이다. 따라서 노동자는 한국사회의 가장 근본적인 변화를 추구하며, 노동조합은 한국사회를 가장 철저하게 개혁할 수 있는 세력이다. 이런 의미에서 계급성은 곧 변혁성이라고 할 수 있다. 예를 들어 국민 촛불항쟁으로 586 학생운동 주도세력들에게 권력을 쥐어주었지만 이들은 기득권화되어 오히려 4.27판문점 선언, 통일열망의 성과도 무산시켰다. 개혁마저 후퇴시켜 다 죽어가던 수구보수세력의 부활까지 허용하였다. 왜 그럴까. 바로 계급성이 약하기 때문이다.

노동조합이 계급성을 가진 조직이라고 해서 저절로 계급성이 강화되는 것은 아니다.
노동조합을 운영하다보면 조합원을 믿고 조합원과 함께 투쟁하기보다는 상층 교섭에 기대를 거는 경우가 왕왕 발생한다. 이런 현상은 노동조합의 계급성을 갉아먹는 행위이다.

또 민주노총이나 전체 산별노조보다는 단위사업장의 노동조합 활동만 중시하면서 전체 노동자의 문제, 전체 사회적 연대활동의 문제, 정치, 통일 문제 등을 홀시하고 단위사업장내 근로조건 개선에만 힘을 써야 한다는 것도 계급성이 부족한 것의 표현이다.

노동조합은 가장 철저한 개혁을 추구하면서 조합원의 투쟁의 힘을 기본으로 교섭을 추구해야 한다. 나아가 전체 노동계급의 입장과 연대의 관점에서 단위사업장 문제를 접근하는 계급적 조직이 되기 위하여 노력하여야 한다.

── 3) 새로운 형태의 민주노조로 전진하려면

한때 어용노조가 판을 치는 시절이 있었다. 즉 노조가 회사 편인가 노동자 편인가를 중심으로 어용노조와 민주노조를 구분했다.

민주노총 조합원이 120만 명을 넘어서고, 역사도 길어지면서 노사협조주의를 주장하거나, 간판만 있고 노조활동은 거의 없는 유명무실한 노동조합까지 존재한다. 또는 늘 하던대로 단위사업장 임단투가 노동조합 활동의 전부라고 생각하는 경우도 꽤 있다.

그러나 지금은 심각한 전환기이다.
전세계에서 신자유주의 세계화 질서가 무너지고 물가가 폭등하며 부채경제의 위기가 도래하고 있다. 국제공급망도 빠른 속도로 재편되고 있다. 북의 핵무력완성 선언 이후 한반도 질서 역시 급속하게 전환하고 미국의 대중포위전략으로 신냉전 질서가 도래하고 있다. 한국의 정치질서 역시 누가 정권을 잡든 노동자의 이익을 대변할 정치는 존재하지 않는다는 것이 명백해졌다.
이런 조건에서 민주노조운동은 이제 전체 노동자의 운명을 위해 새로운 단계로 도약해야 한다. "어용 대 민주노조"라는 도식을 넘어 새형의 민주노조운동을 창출해야 한다.
그것은 집권을 위한 노동조합운동이다. 이제 노동자가 직접 본격적으로 정치를 해야 한다. 그러려면 자기 손으로 만든 진보정당을 가져야 한다.
새형의 민주노조는 바로 노동자의 정당을 가지고 집권을 위한 계획을 세워가는 노동조합이며, 당활동을 중심으로 노동조합활동을 강화시켜 나

가는 노동조합이다. 이렇게 해야 노동조합은 더욱 더 강한 노동조합으로
발전할 수 있다.

4장

슬기로운 노동자의
민족 문제 접근법

분단과 통일

1. 우리민족의 의사와 지향에 반했던 분단

—— 1) 정당한 분단 vs 부당한 분단

민족은 하나가 되어 살려는 속성이 있다. 외부의 힘이 작용하지 않고 민족 내부의 결정으로 분단이 된 경우는 거의 없다. 대부분의 분단은 외세의 힘이 작용된 결과이다.

외세에 의한 분단일지라도 그 분단이 정당한 경우가 있고, 부당한 경우가 있다. 제2차 세계대전을 일으킨 독일은 전쟁에서 패배한 후 미국, 소련, 영국, 프랑스라는 외세의 힘이 작용하여 서독과 동독으로 분단되었다. 이같은 경우는 정당한 분단이라고 할 수 있다.

그러나 베트남의 분단과 같이 부당한 경우도 있다. 베트남은 17도선을 경계로 하여 남쪽은 미국군이 점령하고, 북쪽은 중국군(장개석 군대)이 점령했다. 그러나 미국은 자신이 점령한 17도선을 프랑스(태평양 전쟁 발발 이전에 프랑스가 베트남을 식민지배하고 있었다)에게 넘겨준다. 중국(장개석 중화민국)은 국공내전이 발생하자 17도 이북 베트남에서 철수한다. 프랑스는 베트남 이남 지역에 자신의 괴뢰정부를 세우면서 베트남은 분단되고, 30년에 걸친 크고 작은 전쟁을 통해 베트남 통일은 달성된다. 외세에 의한 부당한 분단은 해당 민족의 통일을 향한 치열한 투쟁을 동반한다.

우리의 분단 역시 부당한 분단이었다. 38선을 기준으로 남과 북에 미국군과 소련군이 주둔하고, 통일된 자주독립국가를 세우려는 민족의 열망은 무참하게 짓밟혔다. 해마다 4.3 제주항쟁을 기념하여 제주도에서 노동자대회를 개최하는 이유는 통일국가를 세우려는 4.3 제주도민들의 정신을 계승하기 위해서이다.

왜 우리 민족은 부당한 분단을 겪어야 했을까. 전범국 독일의 정당한 분단 사례를 적용한다면 일본이 분단되어야 했다. 그러나 일본은 통일국가를 유지하고, 천황제를 유지하고, 군국주의자들이 살아남았다. 아니 일본 전범들은 패망 후 일본의 정치권력을 장악했다. 일본 대신 우리나라가 분단되었다. 우리는 분단되고, 독립운동가들이 죽거나 잡혀갔고, 친일민족반역자들이 살아남았다. 아니 친일민족반역자들은 해방 후 대한민국의 정치권력을 장악했다.

그렇다. 우리 민족 역시 부당한 분단을 외세에 의해 강요받은 것이다.

분단의 원인으로 좌우 이념대립을 주장하는 경우가 많은데, 당시 상황을 피상적으로 본 결과이다. 해방 이후 이남 사회에서 가장 대표적인 우익인사는 김구, 김규식 등이었다. 그러나 이들은 1948년 평양으로 가서 북측의 좌익 지도자들과 통일문제를 합의했다. 좌익과 우익은 분단을 저지하기 위해 최선의 노력을 경주했다. 좌익과 통일문제를 협의한 김구는 미군정의 사주로 암살당한다. 분단의 원인은 좌우 대립에 있지 않다. 이념을 뛰어넘어 통일을 추구하려는 김구를 죽인 세력이 분단의 원인을 제공했다.

── 2) 자주독립국가를 건설하기 위한 우리 민족의 노력

일부는 우리 민족이 자주독립국가를 건설할 힘이 없었다고 주장한다. 이같은 주장은 분단 세력이 자신의 분단 범죄를 감추고 우리 민족에게 책임을 전가하려는 불순한 의도를 담고 있다.

우리 민족은 일제 치하에서 해방되기 위한 투쟁을 전개하면서도 해방 이후 자주적인 독립국가를 건설하기 위한 노력을 병행했다.

만주 일대에서 항일운동을 했던 무장투쟁 세력은 일본과의 직접적인 전투를 치르면서 국내로의 진출을 끊임없이 모색했고, 수 차례 국내 진격 투쟁을 하기도 했다. 이러한 투쟁은 국내에 있는 민중들에게 일제 패망의 필연성과 조국 광복의 신심을 끊임없이 불러일으켜 주었다. 만주무장투쟁 세력은 1945년 8월에 국내 진격 작전을 본격 추진하기도 하였다.

또한 중국 중경에서는 대한민국임시정부의 하부 조직으로서 '한국광복군'이 조직되어 한반도 진공을 위한 맹훈련을 진행했으며, 중국 연안에서는 1942년 '조선독립동맹'이 조직되어 화북 일대에서 일본군과 항전을 전개함과 동시에 역시 국내 진공을 꾀하고 있었다.

국내에서도 1944년 8월 여운형의 지도로 서울에서 비밀리에 '건국동맹'이 결성되어 국외에서 독립을 꾀하는 조직과 연락을 계속 취하면서 해방의 날을 적극 준비하고 있었다.

일제 식민 통치 하에서의 이러한 노력은 마침내 일제의 패망과 해방을 맞으면서 본격화되고 폭발적으로 전개되었다.

우선 국내에 있던 민족 세력은 여운형을 중심으로 해서 활발하게 움직였다. 해방 직전 아베 조선 총독은 조선에서 폭동이 일어나 조선에 체류하는 일본인의 신변이 위협받을 것을 우려하여 저명한 조선 지도자에게 행정권을 이양할 계획을 세우고, 그 적임자로 여운형을 선택했다.

아베를 만난 여운형은 행정권 인수 의사를 밝히고 다음과 같은 5가지의 조건을 제시했다.

1. 전 조선의 정치범·경제범을 즉시 석방하라.
2. 조선의 수도인 경성에 3개월(8, 9, 10월)의 식량을 확보하라.
3. 치안의 유지와 건설사업에 아무런 간섭을 하지 말라.
4. 조선의 추진력인 학생들의 훈련과 청년의 조직화에 간섭을 하지 말라.
5. 조선 내 각 사업장에 있는 일본 노무자들을 우리 건설사업에 협력시켜라.

아베는 이러한 요구를 수락했고 여운형은 8월 15일 건국준비위원회(이하 건준)를 조직했다. 건준은 17일 부서 결정을 완료하고 '치안의 확보, 건국 사업을 위한 민족 총역량의 일원화, 교통·통신·금융 및 식량대책의 강구' 등 건준 설립 목적을 표명하는 담화문을 발표하고, 조선총독부로 부터 치안유지의 권한 및 방송국, 각 언론기관 등을 이양받았다.

건준은 8월 말 전국적으로 145개의 건준 지부를 결성했으며, 이러한 건 준은 지방에서부터 인민위원회로 신속히 전환하였고, 독립운동가들과 조선 민중들은 인민위원회를 중심으로 하여 대부분의 지역에서 실질적 인 통치 기능을 발휘하고 있었다.

인민위원회의 등장과 함께 건국 사업을 뒷받침하기 위해 8월 16일에는 건국청년치안대가 조직되었다. 치안대는 각지에서 민중의 자발적인 치 안 조직인 학도대, 청년대, 자위대, 노동대 등을 흡수 통합하여 전국적으 로 162개의 지부를 둔 단일한 체계의 건국치안부로 공식 출범했다. 또한 일제에 의해 강제 징집되었던 사병들을 중심으로 국군준비대가 창설되 었으며 약 6만여 명의 인원을 확보하면서 그 중 일부는 군사훈련에 돌입 하기도 하였다.

미국이 한반도 점령을 시작한 9월 9일 이전에 거의 대부분의 지역에서 자주국가 건설을 위한 활동이 활발하게 전개되고 있었다. 해방 이후 우 리 민족에게는 3가지 중요한 민족적 과제를 해결해야 했다. 첫째 어느 나 라의 식민통치도 허용하지 않는 자주독립국가 건설, 둘째 친일파 처단과 같은 일제 식민 잔재의 청산, 셋째 토지개혁으로 대표되는 봉건 잔재의 청산이었다.

해방 직후 건준과 인민위원회를 중심으로 하는 활동이 분단으로 인해 중단되지 않았다면 이 과제들은 원만히 실현될 수 있었다. 우리 민족은 새로운 국가 건설을 할 힘이 없지 않았다. 오히려 그 어느 나라보다 강력한 힘을 폭발시키고 있었다.

—— 3) 38선 분할과 미군정의 시작

9월 8일 미군이 한반도에 주둔하기 시작했다. 그들의 주둔 목적은 9월 7일 태평양 방면 총사령관이었던 맥아더가 발표한 포고령에 정확하게 담겨져 있었다. 「조선 인민에게 고함」이라는 포고 제1호를 통해 미군은 '미군이 이남에서 최고통치권을 행사한다'고 밝혔으며, '점령군인 미군에 저항하는 경우 엄벌에 처한다'고 경고하였다. 또한 이틀 후에 발표된 포고 제2호에서는 '조선인으로서 포고 명령을 위반한 자는 사형 등의 엄벌에 처하겠다'고 하는 등 일제 시대의 무단통치를 방불케하는 위협 정책을 실시하였다.

9월 9일부터 '최고통치권 행사' 기관으로서 미군정이 실시되었다. 미군정은 조선총독부의 지위와 체계를 그대로 인수했다. 총독부의 일본인 관리들이 상당 기간 유임되었고, 이후에도 자문역할을 하며 미군정을 보좌했다.

1945년 9월 9일 조선총독부의 일장기가 내려가고 성조기가 올라갔다.

그리고 미군정이 선포됐다.

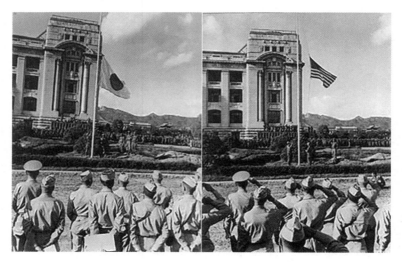

사진제공 : 눈빛 출판사

'최고통치권 행사'는 건준과 인민위원회의 권한과 역할을 부정한다는 의미하는 것이다. 미군정은 제일 먼저 자신만이 38선 이남의 유일한 정부임을 선언했고, 건준, 인민위원회 등 우리 민족의 모든 정치 활동을 불법화했다.

당시 한반도에 주둔했던 한 미군 장교의 증언은 당시의 상황을 잘 설명해준다.

　그들은(조선인들은) 일본인 관리들을 그대로 유임시키기로 한 명령을 위반했다. 그래서 우리는 그들을 분쇄했다.

다음은 1945년 10월 미군정 하지 사령관 성명의 일부이다.

> 군정청은 남조선의 유일한 정부이다. 군정청은 군정청 본부와 도·시·군을 통
> 한 기존 각 기관을 운영하는 것이다. 남조선의 주민은 군정청의 명령에 복종
> 하여야 한다. 만일 명령에 불복하거나 또는 고의로 군정을 비방하는 자들은
> 처벌할 것이다.

한반도를 장악하기 위한 미국의 계획은 2차 세계대전 때부터 준비되고
있었다. 2차 세계대전 당시 자본주의 세계의 최강국으로 부상한 미국은
전쟁 종결이 가까워지면서 자신을 중심으로 한 제국주의적 세계 질서를
확립하는 것을 정책 목표로 설정하였다. 그리하여 미국은 식민지의 민족
해방 투쟁을 억압하는 한편, 사회주의권의 확대를 저지하기 위해 총력을
기울였다. 반도라는 지정학적 특징을 갖는 한반도 역시 미국의 전략적
가치에서 중요한 지역으로 설정되었다.

그러나 한반도에 대한 미국의 이해관계와는 반대로 45년 8월 한반도의
상황은 미국에 불리하게 조성되고 있었다. 8월 9일 대일 선전 포고를 한
소련군은 파죽지세로 남하하여 8월 14일에는 청진과 나남에 상륙하였고
16일에는 원산에서 상륙 작전을 감행하기에 이르렀다. 8월 15일 한반도
에 가장 가까이 있던 미군은 한반도에서 6백 마일 이상 떨어진 오키나와
미군이었다. 이대로 간다면 소련군이 한반도 전체를 장악하게 된다.

미국은 서둘러 38도선을 군사 분계선으로 하여 이북은 소련군이, 이남은 미군이 일본군의 무장 해제를 담당할 것을 제안했다. 미군 고위 장교의 증언은 당시의 상황을 잘 보여준다.

> 준장 몇몇이 성명서를 가지고 펜타곤의 어느 사무실로 급히 들어와 "우리는 한국을 분할해야 한다. 어느 곳을 분할할 수 있겠는가?"라고 물었다. 극동 지역에 경험이 있는 한 대령이 그의 상관에게 항의하였다. "말도 안됩니다. 한국은 하나의 사회적·경제적 단위입니다. 분할할 수 있는 곳이 없습니다." 장군들은 분할해야 한다고 주장했다. 대령은 불가능하다고 대답하였다. 그러자 장군은 다음과 같이 말했다. "우리는 한국을 분할해야만 한다. 그리고 그일은 오늘 오후 4시까지 해야 한다."

38선 분할 작업에 참여하였던 딘 러스크 대령은 훗날 의회에서 이렇게 증언하였다.

> 육군측은, 가능한 북쪽에서 항복받기를 원하는 미국의 정치적 욕구와 미군이 그 지역에 도달하기에는 분명한 한계를 갖고 있는 점을 조화한 제안을 요청했다. 우리는 38도선을 권고했는데 …… 이것은 미군의 책임 지역 내에 한국의 수도를 포함시켜 놓는 것이 중요하다고 생각했기 때문이다.

민족 분단의 도화선이자 상징이기도 하였던 38선이 그렇게 그어졌다. 우리 민족의 염원과 의사는 전혀 고려치 않고 자국의 이익을 실현하기 위해 미국은 인위적으로 38선을 분할하였으며, 미국의 주둔 이전부터 민족 분단의 비극은 시작되었다고 할 수 있다.

\<참고\> 이북에 주둔한 소련은 미국과 큰 대조를 보이게 되는데, 당시 소련군 사령관 치스챠코프 대장의 포고문은 다음과 같다.

> 조선인이여!
> 소련 군대와 동맹 군대는 조선에서 일본 약탈자를 구축하였습니다. 조선은 자유국이 되었습니다. 이것은 다만 조선 역사의 제1장에 불과한 것입니다. 이와 마찬가지로 조선의 행복도 조선 인민의 영웅적인 투쟁과 근면한 노력에 의해서만 달성되는 것입니다. 일본 통치하에서 살아온 고통의 사실을 기억합시다. 담 위에 놓인 돌맹이까지도 괴로운 노력과 피땀에 대해서 말하고 있지 않습니까. 누구를 위하여 당신들은 일하였습니까. 왜놈들이 고대광실에서 호의호식하며 조선 사람들을 멸시하며 조선의 풍속과 문화를 모욕한 것을 당신들은 잘 압니다. ……
> 공장, 기업소 및 경영주, 상업가 또는 기업가들이여! 왜놈들이 파괴한 공장과 제조소 등을 회복시킵시다. 새로운 생산 기업을 개시합시다. 소련군 사령부는 모든 기업소의 재산 보호를 확보하여 그 기업소의 정상적인 작업의 보증을 백방으로 원조할 것입니다.

소련 역시 조선에 주둔한 외세의 하나로서 민족 분단의 책임이 있다는 비판을 면할 수는 없다. 그러나 소련의 포고문에서 알 수 있듯이 미군과 같이 조선 인민에 대한 노골적인 적대 의사는 없었으며 또한 일본의 통치 기구를 그대로 인수하거나 일본인을 유임하는 행위는 저지르지 않았다.

따라서 소련의 주둔과 미군의 주둔을 동일시해서는 안된다.

2. 미군정과 분단

─── 1) 친일파를 등용한 미군정

이남의 통치권을 장악한 미군정은 후속 조치로써 자신에게 충성하는 현지의 동조 세력을 규합하는 정책을 추진했다. 미군이 끌어들인 동조 세력은 말할 필요도 없이 일제 치하에서 일본 하수인으로 복무한 친일 민족반역자들이었다. 특히 친일 지주, 친일 자본가 등 민족 반역자들이 주축이 되어 만든 한민당이 1차 대상이었다.

미군정이 친일파들을 등용하게 된 배경은 당시 미군 대령이었던 매글린의 증언이 잘 말해준다.

> 만약 그들(친일 민족반역자들)이 과거에 일본을 위해 일을 잘했다면 그들은
> 우리 미국을 위해서도 일을 잘해 줄 것이다.

미국의 규합 대상에는 이승만이라는 인물도 포함되었다. 이승만은 일제 시대 미국에 머물러 있으면서 일본 대신 미국이 조선을 통치해 달라는 위임 통치 청원서를 미국 의회에 내는가 하면 재미동포들의 독립 성금을

착복하고 독립운동 단체 내에서 파쟁만을 일삼던 자였다. 이승만의 이 같은 정체는 독립운동가들 사이에서는 정평이 나 있었으나 일반 대중들은 이승만 역시 독립운동가로 간주하고 있었다. 따라서 이승만은 미군정에 가장 적합한 인물이었던 셈이다.

이승만 역시 미국의 이같은 상황을 정확하게 포착하고 있었고 자신의 가치를 극대화하는 전략을 추구했다. 이승만은 1945년 10월 4일 뉴욕을 출발해 12일 도쿄에 도착했다. 아시아에서 가장 실세라 할 수 있는 맥아더가 이승만을 부른 것이다. 맥아더를 독대한 후 맥아더의 전용기를 타고 16일 김포공항에 도착한 이승만은 자신의 취약한 정치 기반을 공고히 하기 위해 한민당과 제휴했다.

다음으로 미군정은 경찰과 군대를 조직했다. 이 역시 친일파 일색이었다.

경찰의 경우, 일제 경찰에 종사한 8천명 중 5천 명이 미군정 경찰에 복무했고, 이들을 핵으로 미군정 경찰이 조직되었으며 경찰 간부의 80%가 일제 경찰 출신이었다.

직 위	1946년 총수	식민경찰 출신	비율(%)
치안감	1	1	100
청 장	8	5	63
국 장	10	8	80
총 경	30	25	83
경 감	139	104	75
경 위	969	806	83

당시 미군정청 경무국 수사국장으로 있던 최능진은 이렇게 말했다.

경찰이 일본인 밑에서 협조한 전직 경찰관들과 민족 반역자들의 피난처가 되고 있다. 군정청 경찰부는 썩어 빠졌으며 민중의 적이었다.

이렇게 결성된 군정 경찰은 각 지역에 설립된 인민위원회를 파괴하는데 선봉적 역할을 하였으며 출세의 좋은 기회로 여겨 무자비한 살육까지 감행하는 만행을 저질렀다.

미군정은 군대도 조직했는데, 이들 역시 친일파 일색이었다. 미군정은 '사회의 소요를 진압하고 국방을 경비하는 데 필요한 국방 계획안'을 토대로 1945년 11월 13일 국방 경비대를 설치했다.

국방 경비대의 장교는 과거 일제 하에서 독립군을 탄압하는데 앞장섰던 일본사관학교, 만주군 출신들로 채워졌으며 부대장 이상의 직책에는 미군 장교들이 임명되어 지휘권을 장악하였다.

출신	이름	계급	경력
일본 육사	이응준	대좌	초대 육군 참모총장
	신태영	대좌	3대 육군 참모총장, 국방장관
	이종찬	중좌	6대 육군 참모총장, 국방장관
	채병덕	소좌	2, 4대 육군참모총장, 국방부참모총장
	신응균	소좌	국방장관
	김정렬	대위	초대, 3대 공군참모총장, 국방장관, 국무총리
	유재흥	대위	3대 합참의장, 국방장관
	김창규	대위	5대 공군참모총장
	이형근	대위	초대합참의장, 9대 유군참모총장
	정래혁	소위	국회 의장
	박원석	소위	8대 공군참모총장
	장창국	소위	9대 합참의장
	장지량	후보생	9대 공군참모총장
만주군	김석범	대위	2대 해병대 사령관
	정일권	대위	2대 합참의장, 5대 육군참모총장, 국무총리
	신현준	대위	초대 해병대 사령관
	백선엽	중위	4대 합참의장, 7,10대 육군참모총장
	박정희	대위	일본 육사 유학, 대통령
	김창룡	오장	관동군 헌병대

이상에서 보듯이 미군정 정책은 정치, 경제, 군사 등 전 부문에 걸쳐 민중의 자주적인 지향과 요구를 부인했고, 친일 민족반역자들에게 다시 한번 좋은 기회를 제공했다. 또한 미군정의 이러한 정책은 독립 국가를 건설하고자 하는 민족의 염원과 정면으로 위배되는 것이었으며, 민중의 자주적 노력을 무참히 짓밟는 과정이기도 하였다.

── 2) 신탁통치 논란과 '빨갱이 사냥'

조선 민중은 분노하기 시작했다. 해방군으로 여겨졌던 미군이 점령군 행세를 하면서, 친일민족반역자를 등용하고, 건준과 인민위원회를 탄압하는 과정을 보면서 미군의 본질을 깨닫기 시작하고 미군정에 반대하는 투쟁을 시작했다.(투쟁에 노동자들이 선봉에 있었음은 본 책 2장 민주노총의 역사 참조)

미군정과 민족반역자들은 이들의 투쟁을 탄압할 '그럴듯한' 명분으로 신탁통치 논란을 활용했다. 한반도 신탁통치 구상은 미국 루즈벨트 정부에 의해 처음 제안되었다. 1943년 3월 영국 외무상 이든이 위싱턴을 방문했을 때 미국의 신탁통치안이 처음 거론되었는데, 당시 미국 대통령이었던 루즈벨트는 '만주와 대만은 중국에 반환하고 조선과 인도차이나는 신탁통치를 하되 조선은 약 40년간 중국(국민당)과 미국 그리고 그 밖에 2개국이 더 참여하는 신탁 통치를 해야 한다'는 구상을 피력하였다.

해방 이후 열린 1945년 12월 16일 모스크바 3상 회의에서도 미국은 자신의 신탁통치안을 관철시키기 위해 노력하였다. 당시 미 국무장관 번즈는 미국·영국·중국·소련이 신탁통치 기구를 설치하여 한반도를 신탁통치를 실시해야 하며 그 기간은 5년으로 하되 10년으로 연장할 수도 있도록 하자고 제안하였다.

반면 소련의 외무상 몰로토프는 조선 임시민주주의 정부의 수립과 주권 행사의 시급함을 밝히고, 4개국은 단지 조선의 독립과 민주적 발전을 위해 필요한 제반 원조를 하는 후견적 위치에 머물러야 하며, 그 기간도 5년 이내로 한정해야 한다고 주장하였다.

모스크바 3상 회의 결과 소련의 안이 채택되었다. 조선 민주주의 임시정부의 수립과 이를 위한 미소 공동위원회 구성, 임시정부와 미소 공동위원회가 협의하여 신탁통치 여부를 결정하기로 합의했다(번즈 미 국무장관은 미국의 안을 관철시키지 못했다면서 미국 내에서 엄청난 시달림을 받았다).

당시 동아일보 기사. "소련은 신탁통치 주장, 소련의 구실은 38선 분할점령. 미국은 즉시독립주장"이라는 제목을 달고 있다.

그런데 우리나라에 전혀 엉뚱한 내용으로 모스크바 3상회의 결정이 보도되었다. 우리 언론 역사상 최악의 오보로 기록될만한 기사가 1945년 12월 27일 자 동아일보에 게재되었다. 그 내용은 다음과 같다.

> (워싱턴 25일발 합동 지급보)모스크바에서 개최된 3상 외상회의를 계기로 조선 독립문제가 표면화지 않는가 하는 관측이 농후하여 가고 있다.
> 즉 번즈 미 국무장관은 출발 당시에 소련의 신탁통치안에 반대하여 즉시 독립을 주장하도록 훈령을 받았다고 하는데 3국 간에 어떠한 협정이 있었는지 없었는지는 불명하나, 미국의 태도는 카이로선언에 의하여 조선은 국민투표로써 그 정부의 형태를 결정할 것을 약속한 점에 있는데 소련은 남북 양 지역을 일괄한 일국 신탁통치를 주장하여 38선에 의한 분할이 계속되는 한 국민투표는 불가능하다고 하고 있다.(후략)

이승만, 친일파 세력들은 이 보도가 나오자마자 연일 목소리를 높이기 시작했다. 한민당은 자신들의 간행물에서 "소련은 신탁통치를 강조하였고 미국은 즉각적인 독립을 옹호하였다"는 잘못된 선전을 늘어놓았다. 소련의 단독 지배하에 5년간의 신탁통치를 강행하기 위해 소련군이 남쪽으로 내려올 것이라는 등의 흑색선전이 등장하기도 했다.

해방된 지 4개월 밖에 되지 않은 시점에서 신탁통치는 '제2의 식민지'로 여겨졌다. 당시 한반도에는 신탁통치를 반대하는 분위기가 지배적이었다. 미군정과 친일파 세력들은 이같은 정서를 악용하여 '소련=공산주의=제2의 식민지'라는 프레임을 짜기 시작했다. 그리고 사회주의 성향의 독립운동가들에 대한 대대적인 '빨갱이 시비'를 시작했다. 나중에는 민족주의자들조차도 빨갱이로 몰아 탄압했다.

독립운동가들은 일제 시절에도 '빨갱이 사냥'을 당했고, 해방 후에도 '빨갱이 사냥'을 당하는 비운의 운명에 처하게 되었다. 이는 해방 직후 전개된 미군정에 맞서는 투쟁이 일제 강점기 독립운동과 똑같은 성격이었음을 역설한다.

모스크바 3상회의의 진설은 우익 인사였던 송진우의 아래 발언에서 확인된다. 송진우는 이 발언을 하고 이틀 후 암살된다.

> 3상 결정이 실현되느냐 안되느냐가 독립되느냐 영원히 예속되느냐를 결정하는 중대한 갈림길이오. 3상 결정은 신탁 통치가 아니오. 정보 조작으로 미국이 계획적으로 분단시키려 하고 있소. 얼른 내려가서 절대 지지하라고 이르시오.

김규식의 비서였던 송남헌 역시 방송 인터뷰에서 다음과 같이 모스크바 3상회의 결정의 진실을 증언했다.

> 실제, 모스크바 3상 회의 주요 원문은 '신탁통치' 문제안이 쟁점이 아닌 '어떻게 해서 한국에 임시정부를 수립하느냐'가 결정사항이었다. '어떻게 해서 임시정부를 수립하느냐? 그럼, 임시정부가 수립한 후에는 어떻게 해서 연합국이 임시정부를 도와주느냐?' 이런 식으로 나가는 것인데, 동아일보 신문에 나온 '모스크바 3상 회의' 보도는 이를 보지 않고, "소련은 신탁통치 주장, 미국은 즉시 독립 주장, 소련의 구실은 38선 분할 점령"이라고 왜곡보도 한 것

이었다.

KBS 인물 현대사, 송남헌 증언

(김규식의 비서, 독립운동가 출신이자, 한국 근현대사 연구가)

모스크바 3상 회의

미국(안)	소련(안)

· 4개국 신탁통치
· 한국인 행정관 상담역, 고문역할
· 기한은 5년 연장 가능
	· 독립국가 재건을 전제로
	  조선임시민주정부수립
	· 조선의 민주적 제정당 및 사회단체와 협의
	  미소공동위원회 설치

<모스크바 3상회의 결정서> 주요내용

· 조선을 독립국으로 부흥시키고 조선이 민주주의적 원칙 위에서 발전하게 하며
  장시간에 걸쳐 일본 통치의 악독한 결과를 쾌속히 청산할 제 조건을 창조적
  목적으로 조선민주주의 임시정부 창건
· 남조선 미군 사령부와 북조선 소련군 사령부 공동위원회 건설
· 미영중소 4개국 5년 이내 후견

—— 3) 미소 공동위원회 파행과 분단

모스크바 3상회의 결정 즉 조선의 임시정부를 수립하기 위한 미소 공동
위원회(이하 미소공위)가 46년부터 개최되었다. 신탁통치를 추진했던 미
국으로서는 내키지 않는 일이었으나 모스크바 결정을 이행하라는 국제
적 여론을 마냥 무시할 수는 없는 일이었다.

그러나 미소공위는 제대로 된 논의 한번 진행되지 못한 채 파행을 거듭했다. 모스크바 결정은 "조선임시정부를 조직하기 위해 미소공동위원회는 조선의 민주주의 정당들, 사회단체들과 반드시 협의할 것"을 주문했다. 따라서 미소공위의 첫 번째 안건은 '미소 양국 군대가 협의해야 할 조선 민주주의 정당과 단체들을 선정'하는 것이었다.

여기부터 미소 양국의 견해는 엇갈리기 시작한다. 쟁점은 반탁운동에 참여했던 정당과 단체들을 협의 대상에 포함시켜야 하는가 여부였다. 소련은 '포함시켜서는 안된다', '미국은 포함시켜야 한다'고 주장했다.

독자들은 어떻게 생각하는가? 당시 상황을 정확하게 보지 못하면 혼란에 빠질 수 있는 대목이다. 이 대목을 정리하기 위해서는 형식적 측면과 내용적 측면을 모두 살펴봐야 한다.

우선 형식적 측면을 보겠다. '반탁 세력'은 3상회의 결정을 '신탁통치 결정'이라고 주장했고, 동아일보의 오보였음이 확인된 후에도 즉 3상회의 결정이 임시정부 수립이었음이 확인된 후에도 자신의 주장을 굽히지 않았다. 따라서 그들은 '모스크바 3상회의 결정'을 반대하는 세력들이다. 그런 세력들이 3상회의 결정을 이행하기 위한 협의에 참여할 수는 없다.

내용적 측면을 보면 더욱 분명해진다. '반탁 세력'은 이승만과 한민당 등 친일파 세력들이었다. 물론 반탁 주장에 동조하는 일부 대중들이 존재했다. 또한 김구 역시 반탁을 주장했다. 그러나 일반 대중 혹은 김구와 달리 반탁 운동을 '조직적으로 전개하고 주도한 세력'은 친일파들이었다.

3상회의 결정에서 밝힌 조선 임시정부의 역할은 "조선을 독립국으로 부흥시키고 조선이 민주주의 원칙 위에서 발전하게 하며 장기간에 걸친 일본 통치의 악독한 결과를 청산할 조건들을 창조"하는 것이다. 즉 친일파 청산과 척결이 임시정부가 해야 할 역할이다. 따라서 친일파 세력들은 임시정부 수립을 위한 '협의 대상'이 아니라 '청산 대상'이다.

분명해지지 않는가? '반탁 세력'은 임시정부 수립를 위한 협의에 참가할 자격이 없다. 오히려 그들은 속죄하며 임시정부 수립 후 단죄되어야 할 세력들이다. 미국이 이들을 협의에 참여시켜야 한다고 주장하는 이유는 첫째 미소공위 자체를 파행시키려는 의도였고, 둘째 만약 임시정부가 수립된다면 임시정부가 제 기능과 역할을 할 수 없게 하려는, 즉 친일파 청산을 못하게 하려는 속셈이었다.

결국 미소공위는 수 차례의 회의에도 불구하고 합의점을 찾지 못해 결렬된다. 미국의 작전이 주효했다.

미·소 공동위원회가 진행되고 있던 1946년 4월 6일 미국의 AP 통신은 "미군정 당국은 남조선만의 단독정부 수립에 착수하였다"는 소식을 전하기도 하였다. 비슷한 시기에 미군정은 '공산주의자'(미군정의 시각에서 임시정부를 수립하고자 하는 모든 세력. 여기에는 민족주의자들도 포함된다) 참여 없는 남조선 과도정권의 성립 가능성을 논의하기 위해 이승만과 장기간 회담을 하기도 했다. 마침내 이승만은 1946년 6월 3일 정읍에서 다음과 같은 발언을 하여 남쪽만의 단독정부 수립 의사 즉 조국을 분단시키려는 의도를 노골적으로 표현하였다.

우리는 무기 휴회된 공위가 재개될 기색도 보이지 않으며 통일정부를 고대하나 여의케 되지 않으니 남쪽만이라도 임시정부 혹은 위원회 같은 것을 조직하여 38선 이북에서 소련이 철퇴하도록 세계 공론에 호소하여야 할 것입니다.

3. 냉전과 분단

—— 1) 국공내전과 냉전

1947년 3월, 미국은 냉전시대의 막을 올리는 중대한 정책을 발표했다. 소련을 적극적으로 봉쇄하는 내용의 '트루먼 독트린'이 발표되었다. 절반 땅이 미군정 통치하에 있었던 한반도에서도 대소 봉쇄정책은 그대로 적용되었다. 오히려 한반도는 미국과 소련의 군대가 주둔하고, 미소공위를 개최하는, 가장 첨예한 냉전의 각축장이었다.

냉전질서를 강화하던 미국은 소련과의 협상을 통해 미국이 원하는 조선정부를 세울 수 없다는 결론을 내리고, 이남 사회에 '분단정부'를 수립하는 방침으로 전환한다(우리 역사 교과서에는 '단독정부'라고 표현하지만 '분단정부'가 정확한 표현이다).

이같은 한반도 정책 전환에 영향을 미친 또 하나의 사건은 국공내전이었다. 장개석의 국민당 군대와 모택동의 공산당 군대는 중국에서의 통치권을 놓고 1946년부터 내전을 벌이고 있었다.

국공내전은 전후 아시아 질서 구축에서 굉장히 중요한 사건이었고, 많은 나라들이 국공내전을 주의깊게 관찰하고 있었다. 미국은 노골적으로 장개석을 지원하고, 소련은 은밀하게 모택동을 지원할 정도로 미소 양국 역시 국공내전의 결과에 주목하고 있었다.

그런데 미국의 군사력 지원으로 장개석 군대가 우세를 보이던 국공내전은 1947년이 되면서 모택동 군대의 우세로 바뀌게 되었다. 장개석 군대가 장악한 지역에서 물가가 폭등하고, 빈부격차가 심해지고, 국민당의 부정부패가 너무 심했기 때문에 중국인들은 장개석에게 등을 돌리고 모택동을 지지하고 지원하기 시작했다.

1947년 중반으로 가면서 모택동의 승리가 확실해지는 상황이 만들어졌다. 국공내전의 전세 역전은 미국에게 치명적이었다.

미국은 중국을 통일한 장개석 정부와 함께 아시아 질서를 구축하려 했다. 한반도 신탁통치 국가에 중국을 포함시킨 이유이기도 하다. 따라서 장개석의 패배, 모택동의 승리는 미국의 입장에서는 중국을 빼앗기는 치명적 결과가 된다.

미국은 아시아 정책을 바꿔야 하는 상황에 놓인다. 중국은 더 이상 미국의 파트너가 될 수 없다. 미국은 새로운 파트너를 찾아야 했다. 한반도, 베트남, 필리핀, 인도네시아 등 어떤 나라도 미국의 파트너가 되기에는 국력도 약하고 정치적으로 혼란한 상황이었다. 미국의 유일한 선택은 일본이었다.

미국은 일본을 다시는 전쟁을 벌일 수 없는 나약한 국가로 만들겠다는 점령 정책을 바꿔 미국의 파트너가 될 수 있는 강력한 국가로 만드는 정책을 추진한다. 일본이 강력한 국가가 되기 위해서는 정치적 안정이 필요했고, 미국에 협력할 수 있는 정치세력이 일본에서 집권해야 했다. 그래서 군국주의 세력들이 선택되었다. 이들 일본 군국주의자들은 어제까지는 '전쟁범죄자'였으나 이제는 '미국협력파트너'가 되었다. 감옥에 갇혀 전범재판을 받던 군국주의자들이 대거 석방되고 이들이 총리가 되고, 장관이 되었다.

이제 일본은 미국에게 가장 중요한 국가이다. 일본만큼은 어떤 일이 있어도 사회주의 국가가 되어서는 안 되며, 소련의 영향을 받아서도 안 된다. 일본을 소련으로부터 지키기 위해서는 일본 바로 옆에 있는 한반도에서도 미국과 협력할 수 있는 정부가 수립되어야 한다. 한반도 전 지역에서 어렵다면 38선 이남에서만이라도 그런 정부가 수립되어야 한다. 미국의 한반도 정책은 국공내전의 전세 역전에 따라 '분단정부'를 수립하는 정책에 더욱 박차를 가하였다.

—— 2) 5.10 분단선거

미국은 미소공위를 더 이상 진행시키지 않고, 한반도 문제를 유엔으로 옮긴다. 유엔은 소련보다는 미국의 입김이 더 강한 곳이었기 때문에, 미국은 소련의 반대에도 불구하고 한반도 문제를 유엔이 처리하도록 밀어붙였다. 유엔은 제헌국회를 구성한다는 명목으로 하는 1948년 5월 10일 국회의원 선거를 결정했다.

당시 유엔의 결정은 '유엔 감시 가능한 지역에서의 선거'였다. 소련과 북쪽의 정치세력들은 유엔 개입이 부당하다며 이 결정을 따르지 않았다. 즉 38선 북쪽 한반도에서는 '유엔 감시 가능한 선거'를 치를 수 없었다. 자연스럽게 5.10 선거는 38선 남쪽에서만 치러진다. 이를 우리 역사는 '단독선거'라고 부르지만 '분단선거'라고 불러야 한다.

조선 민중들은 즉각적인 저항을 시작하였다. 입후보자 등록 마감일인 4월 16일까지 176건의 단선저지투쟁이 있었다. 통일을 지향하는 조선 민중들의 의사는 선거 거부 형태로도 나타났다. 선거인 등록의 강제성 여부에 대한 1948년 4월 16일의 동아일보 여론조사에 따르면 자발적 등록은 9%였고, 강제 등록이 91%였다. 미군정과 이승만 세력이 얼마나 폭압적으로 5.10 선거를 밀어붙였는지 잘 보여준다.

제주도에서는 5.10 선거에 참여하지 않기 위해 4.3 항쟁을 시작했고, 여수순천의 군인들은 4.3 항쟁을 진압하기 위해 출동하라는 명령을 거부했다. 여수순천 사건을 '여순반란 사건'이라고 부르는데, '여수순천 항쟁'이라고 불러야 한다. 미군정과 친일 세력의 시각에서는 반란이겠지만 민중의 시각에서는 미군정에 맞선 항쟁이었기 때문이다. 그리고 보면 우리 현대사에는 이름을 바꿔야 하는 역사적 사건이 너무나도 많다.

── 3) 대한민국 정부 수립과 분단

1948년 8월 15일 수립된 대한민국은 분단정부였다. 남쪽에 분단정부가 등장하자 북쪽에도 1948년 9월 9일 조선민주주의인민공화국이 수립되었다. 그리고 남과 북은 3년 동안 전쟁을 치르고, 70년이 넘도록 전쟁을 끝내지 못한 채 분단상태를 유지하고 있다.

우리 민족이 통일정부를 구성할 능력이 없어서 분단되었는가. 아니다. 우리 민족은 통일된 자주국가를 건설하기 위해 해방 전부터 준비를 해왔고, 해방된 순간 모든 독립운동가, 모든 민중들이 하나가 되어 움직이기 시작했다.

좌익과 우익이라는 이념 때문에 우리가 분단되었는가. 아니다. 김구, 송진우, 김규식 등은 모두 우익 인사들이다. 분단이 본격적으로 추진되자 한반도의 모든 정치 세력들은 좌우를 뛰어넘어 통일을 위해 노력했다.

우리의 분단은 미국 때문이었다. 미국은 미군정을 통해 친일파들에게 면죄부를 주었고, 자신의 냉전 정책을 완성하고 뒷받침하기 위해 분단을 추구했다. 우리의 분단은 미국에 의해 강요된 분단이었다.

미국은 1945년 8월 한반도를 38선으로 가름으로써 영토적 분단을 꾀했다. 미국은 1948년 '분단정부'를 수립함으로써 정치적 분단을 꾀했다. 1950년 한국전쟁은 분단의 결과였다. 따라서 한국전쟁은 1950년 6월 25일 갑자기 발생한 사건이 아니다. 1948년 분단정부 수립 이후 남과 북은

38선 인근에서 끊임없이 무력충돌을 빚어왔다. 정치적 분단의 결과 전쟁이 발생했다.

정부 수립 이전에도 수많은 무력충돌이 있었다. 4.3 항쟁 역시 무력충돌이었다. 여순항명사건 역시 무력충돌이었다. 1946년과 1947년 수많은 민중들의 투쟁에도 미군정은 무력으로 탄압했고, 민중들은 무력으로 저항했다. 영토적 분단의 결과 전쟁이 발생했다.

우리 민족은 분단을 원하지 않았다. 그래서 우리 민족은 분단을 저지하고, 통일을 실현하기 위해 끊임없이 노력했다.

4. 분단 극복, 통일 실현을 위한 민족의 노력

─── 1) 1948년 제정당사회단체연석회의
"망국적 5.10 선거 저지, 통일 실현"

독립이 원칙인 이상, 독립이 희망이 없다고 자치를 주장할 수 없다는 것은 왜
정하에서 충분히 인식한 바와 같이 우리는 통일 정부가 가망 없다고 단독정
부를 주장할 수 없는 것이다. ⋯ 나는 통일된 조국을 건설하려다 38선을 베
고 쓰러질지언정 일신의 구차한 안락을 취하여 단독정부를 세우는 데는 협
력하지 않겠다.

김구가 1948년 2월 10일에 발표한 「삼천만 동포에게 읍소함」이라는 성
명의 일부이다. 성명의 내용에서 확인할 수 있듯이, 1948년에 접어들면
서 미국은 5.10 분단선거를 밀어붙이는 등 본격적으로 분단을 추진했다.
이러한 상황에서 분단을 저지하기 위한 마지막 노력이 모색되었는데, 바
로 1948년 4월에 이루어진 남북 제정당사회단체연석회의였다.

1948년 3월 25일 북측의 민주주의민족통일전선(이하 민전)은 남측 제정
당과 사회단체에 '남북 제정당사회단체연석회의'(이하 남북연석회의)를

개최하자고 제안했다. 한민당과 일부 친일단체들을 제외한 남측의 정당과 사회단체는 이에 지지를 보내는 한편 좌익, 우익, 중도파를 모두 포함하여 '통일독립 운동자 협의회'를 결성하여 남북연석회의를 준비하기 시작했다. 여기에 1백여 개의 정당사회단체가 참여했다.

드디어 48년 4월 29일 평양에서 남북의 56개 정당·사회단체 대표 695명이 참석한 가운데 남북연석회의가 열렸으며, 남북연석회의에서 발표된 공동성명서는 다음과 같은 내용을 담고 있다.

> 1. 외국 군대가 즉시 철수하는 것이 조선 문제 해결의 가장 정당하고
>   유일한 방법이다.
> 2. 외군 철수 후 내전이나 무질서가 있을 수 없다.
> 3. 외군 철수 후 전조선 정치회의를 소집하여 민주주의 임시정부를
>   수립하고, 이 정부는 통일적 조선입법기관 선거를 실시하며,
>   이 입법기관은 조선 헌법을 제정하여 통일적 민주정부를 세운다.
> 4. 이 성명서에 서명한 정당 사회단체들은 남조선 단독선거와 이에 따라
>   수립된 단독정부를 인정치 않는다.

남북연석회의는 통일을 실현하려는 우리 민족의 염원과 우리 민족이 자체의 힘으로 통일국가를 건설할 능력이 있음을 보여주었다.

첫째, 남북연석회의는 분단이 외세에 의해 강요받고 있다는 사실을 분명하게 인식했다. 외국 군대의 철수가 가장 정당하고 유일한 통일 방법임을 1번 항목에 못 박았다. 이미 우리 민족은 해방 직후부터 자주독립국가

건설을 위한 노력을 기울이고 있었다. 지금까지 살펴본 대로 우리의 통일 노력은 외국 군대 특히 미군에 의해 좌절되었다. 외국 군대만 나가면 우리 민족은 충분히 통일을 실현할 수 있음을 선언했다.

둘째, 남과 북의 정당과 사회단체는 내전이 발생하지 않음을 분명히 적시했다. 남북 정치 세력들이 '무력에 의한 통일'을 배제한 것이다. 국공내전에서 확인되듯이 내전은 정치 세력간의 충돌이다. 남북 정치세력들이 외국 군대가 나가면 무력적 방법이 아닌 평화적 방법으로 통일을 실현할 정치적 합의를 이뤘다.

셋째, 유엔 감시 하의 통일을 배제하고 우리 민족 자체의 힘으로 통일을 실현할 수 있는 구체적 절차를 합의했다. 남북연석회의같은 정치회의를 소집하여 임시정부를 수립하고, 임시정부의 선거 감독 아래 제헌의회를 꾸려 통일헌법을 제정하고 그 헌법이 정한 절차에 따라 통일 정부를 구성하기로 합의했다.

넷째, 미국이 추진하는 '단독선거'에 참여하지 않고 그렇게 수립된 '단독정부'에도 참여하지 않겠다고 함으로써 5.10 '분단선거'를 부정했다. 통일국가를 건설하기 위한 선차적 실천 과제로 5.10 선거 저지 투쟁을 결정했다.

─── 2) 4.19 혁명 후
"가자 북으로! 오라 남으로! 만나자 판문점에서!"

4.19 혁명은 해방공간에서 좌절되었던 통일의 과제를 다시 해결하려는 힘이 분출하는 계기가 되었다. 갈라진 조국을 통일하자는 민중의 염원은 이승만 정권 시기에도 사라지지 않았다. 다만 이승만 정권이 반공정책을 추진하고 북진통일을 주장하면서, 이런 통일 열망의 분출을 폭압적으로 막고 있었을 뿐이다. 따라서 4.19 혁명 이후 통일 운동은 자연스럽게 활발하게 전개되었다.

4.19 혁명 이후 반공법과 데모규제법을 폐지하려는 투쟁이 활발해졌고, 4.3 항쟁과 한국전쟁 시기 이승만 정권에 의해 억울하게 죽은 민간인 학살사건들에 대한 진상규명 요구가 본격화되었다.

이승만을 하야시킨 민중들은 "배고파서 못살겠다! 통일만이 살 길이다"라는 구호를 외쳤고, 민족 경제를 회복하여 경제적 자립을 구축해야 한다는 주장하여 대중의 광범위한 지지를 받았다. 이런 분위기 속에서 민족자주통일중앙협의회와 민족통일전국학생연맹 등이 결성되면서 통일 문제를 본격적으로 제기하기 시작했다.

> 자주, 평화, 민주의 원칙 아래 ① 즉각적인 남북정치협상 ② 남북민족대표들에 의한 민족통일 전국최고위원회 구성 ③ 외세 배격 ④ 통일협의를 위한 남북대표자회담 개최 ⑤ 통일 후 오스트리아식 중립 또는 영세중립을 택할 것이냐 또는 다른 형태를 택할 것이냐를 결정해야 한다.

민족자주통일중앙협의회에서 제시한 통일 방향의 일부 내용이다. 남북
정치협상, 외세의 배격, 통일을 논의하는 정치협상 등 1948년 남북연석
회의의 합의 내용과 큰 차이가 없음을 확인할 수 있다.

대학생들은 더욱 적극적으로 통일운동에 나섰다. 1960년 9월 고려대에
서 <민족통일에 관한 제 문제>라는 주제로 "전국대학생시국토론대회"가
열렸고, 11월 서울대에서 '민족통일연맹'이 결성되었다. 대학생들은 통일
을 위한 직접 행동도 벌였는데, 1961년 5월 전국에서 모인 대학생들은 남
북학생회담을 제안하기도 했다.

1961년 5월 남북학생회담을 지지하는 지지하는 집회에서
"가자 북으로, 오라 남으로, 만나자 판문점에서"가 적힌 현수막이 등장했다.

4.19 혁명 이후 통일운동이 활발하게 진행되었다는 사실은 우리 사회에
서 민주화의 과제와 통일의 과제가 결코 분리되어 있지 않음을 보여준

다. 이승만 정권 시기에도 우리 민중의 통일 열기는 결코 식지 않았다. 이승만 독재 세력이 공권력을 동원해 통일 열기의 분출을 막고 있었을 뿐이다. 4.19혁명으로 독재 세력이 사라지자 통일 열기가 다시 폭발하였다.

우리 민중의 통일 열기가 확산되자 5.16 군부쿠데타가 발생했다. CIA가 배후에 있었다. 1953년부터 1961년까지 CIA 국장을 지낸 앨런 덜레스가 1964년 5월 영국 방송사 BBC와 인터뷰하면서 자신이 국장으로 일하면서 '가장 성공적인 해외 비밀공작'으로 5.16 쿠데타를 꼽았다.

우리 민족의 통일을 미국은 결코 바라지 않는다. 미국은 해방 정국 시기에 분단을 획책했고, 4.19 혁명 이후 시기엔 군부 쿠데타를 공작하여 통일 열기를 차단했다. 그 후 한국 사회는 오랫동안 군부독재 치하를 살아야 했다. 통일 운동을 했던 모든 사람들은 '빨갱이', '간첩'으로 몰려 형장의 이슬로 사라져야 했다.

─── ### 3) 6월 항쟁 이후 "남북해외 3자가 모이자!"

1987년 6월 항쟁은 대통령 직선제를 쟁취해낸 민주화 운동이었다. 그러나 우리 민중들은 민주화에 만족하지 않았다. 또 다시 통일의 열기가 폭발했다. 이번에도 대학생들이 나섰다.

1988년 3월 서울대학교 총학생회 선거에 출마한 김중기 학생은 6.10남북학생회담 개최를 제안하면서 김일성종합대학 학생들에게 공개서한을 보냈다. 그 서한의 내용은 아래와 같다.

① '민족화해를 위한 남북한 청년학생 국토종단 순례행진'을
88년 8월 1일에서 14일까지 진행하고 8월 15일 판문점에서 만나
대동제를 하자.
② '민족대단결을 위한 남북한 청년학생 체육대회'를 88년 9월 15일부터
17일 사이에 서울대와 김일성종합대학 중 한곳에서 개최하자.
③ 6월 10일 민주화투쟁 1주년 기념일에 판문점이나 제3국에서
서울대 대표와 김일성종합대학 대표가 만나 실무회담을 하자.

북한 김일성종합대학 학생위원회는 이에 동의하는 편지를 서울대학교 총학생회 앞으로 보내면서 남북학생회담은 본격적으로 추진된다. 서울대와 김일성종합대 사이에서 논의되던 남북학생회담은 다른 대학생들에게로 확대되어 6월 9일 남쪽 25개 대학생 1만여 명이 모여 남북학생회담 성사를 다짐하고, 마침내 6월 10일 판문점을 향해 출발했으나 경찰의 저지로 무산되었다.

그러나 대학생들의 통일 열기는 사회 각지로 확산되어 8월 3일 남측 1,14명의 인사들이 모여 <한반도 평화와 통일을 위한 범민족대회 추진본부>를 발족시켰다. 5.16 쿠데타 이후 잠자고 있던 민간통일 운동이 재개되고 있었다.

1989년은 한 걸음 더 나아가 문익환 목사와 대학생 임수경이 방북했다.

문익환 목사의 방북은 민간 통일운동사에 획을 긋는 상징적 사건이었고, 임수경 방북은 통일 논의를 대중적으로 확산시켰다. 이제 민간진영의 통일 운동은 거스를 수 없는 하나의 흐름으로 정착되었다.

2년 간의 노력은 1990년 범민족대회 개최로 결실을 맺었다. 범민족대회는 남북해외 3자연대가 한자리에 모이는 민간통일대회였는데, 그 이후 해마다 이 대회가 개최되어 1990년대 통일운동의 상징으로 자리잡았다.

범민족대회가 갖는 또 하나의 의미는 조국통일범민족연합(범민련)이라는 남북해외 3자 연대조직을 결성했다는 점이다. 통일은 우리 민족이 주체가 되어 우리 민족 스스로 만들어나가는 우리 민족의 과제이다. 따라서 남과 북 그리고 해외에 거주하는 모든 민족구성원이 통일 운동의 주체이다. 범민련은 바로 이 주체들의 조직체였다. 이로써 통일 운동은 정부 차원의 대화만이 아니라 민간인 차원 특히 남북해외 3자가 만나 교류하고 협력하는 새로운 통일 운동 시대를 만들어냈다.

6월 항쟁 역시 4.19와 마찬가지로 독재정권에 맞선 민주화 운동이었고, 이 항쟁의 결과 대통령 직선제를 쟁취하는 등 민주주의가 확장되었다. 우리 민중들의 통일 열기는 다시 분출하였다. 민주화와 통일이 하나로 연결되어 있다는 사실이 다시 한번 확인되었다.

—— 4) 6.15 공동선언 이후 "남북 민중의 교류와 협력"

1990년대 범민련을 중심으로 하는 통일 운동은 2000년 남북정상회담으로 또 다른 국면을 맞이하게 된다. 1997년 한국 정치사상 처음으로 정권 교체가 실현되었다. 비록 김대중 정부가 경제정책, 노동정책 등에서는 보수적인 입장을 견지했지만 통일 문제에서만큼은 혁신적인 정책을 추진했다. 그 결과 2000년 사상 최초로 남북 정상회담이 열리고 6.15 공동선언이 합의되었다.

그 이후 폭발적인 대중적 통일 운동이 전개되었다. 금강산 관광이 시작되었고, 너도나도 금강산 관광을 가기 위해 돈을 모으고, 계모임을 조직하기도 했다. 남측에서 북측으로, 북측에서 남측으로 오가며 매해 통일대회가 진행되었다.

6.15 공동선언 이후 통일 운동은 노동자, 농민, 학생, 여성, 청년, 종교 등 다양한 부문과 계층의 남북 민족 구성원들이 모여 노래를 부르고 춤을 추면서 교류를 확대해갔고, 구체적인 협력 사업을 논의하고 전개했다. 특히 생산의 주역인 남북 노동자와 농민은 한 자리에 모여 민족경제를 활성화시키고 자립적 통일경제를 구축하기 위한 노동자와 농민의 역할을 끊임없이 모색해갔다.

그러나 통일의 열기가 뜨거우면 뜨거울수록 미국의 방해 강도는 더욱 커졌다. 남과 북이 비무장지대를 통과하는 철도와 도로 연결을 합의하자 미국은 유엔사가 비무장지대를 관할한다는 정전협정 규정을 들고나와 남북 협력을 방해했다. 2018년 판문점선언 이후 뜨거웠던 통일 분위기 역시 미국의 방해와 문재인 정부의 소극적 태도로 끝내 결실을 보지 못하고 가라앉고 말았다.

── 5) 통일 노력의 교훈 "자주 없이 통일 없다!"

분단 이후 우리 민족은 통일을 위한 끊임없는 노력을 기울였다. 그러나 매번 미국이 반대하고 훼방하고 어깃장을 놓았다. 70년이 넘는 통일의 노력은 미국이 분단의 주범, 통일의 방해자임을 확인하는 과정이었다.

윤석열 정부 들어와 미국은 북한이 핵을 포기하지 않는다는 명분으로 핵무기 장착이 가능한 무기를 하루가 멀다하고 한반도에 끌어들여 군사적 긴장을 조성하고 있다. 분단을 극복하고 통일을 이룩하려는 70년이 넘는 우리 민족의 노력은 "자주 없이 통일 없다!"는 교훈을 우리에게 던져 주었다.

5. 민족의 자주와 대단결이 곧 통일

일반적으로 통일은 "분단의 장벽을 허물고 남과 북으로 양단된 국토를 다시 하나로 이으며 서로 갈라져 살아가는 민족을 다시 하나로 되게 하는 일"로 정의된다.

분단의 장벽은 휴전선이라고 하는 물리적 장벽뿐만 아니라 오랫동안 갈라져 살아오는 동안 남과 북에서 독자적으로 형성된 문화적, 심리적, 사회적 장벽까지 포함하는 개념이다. 우리 민족이 다시 하나 되어 민족 발전을 모색한다는 것은 그 상상만으로도 가슴 벅찬 일이 아닐 수 없다.

그러나 통일에 대한 위와 같은 정의는 우리 민족의 통일을 정확하게 정의했다고 할 수 없다.

우선 위와 같은 정의에는 분단의 원인에 대한 설명이 없다. 자연현상이든 사회현상이든 모든 현상은 그 원인과 배경을 갖고 있다. 특히 겉으로 보이는 형식적 원인은 쉽게 발견하지만, 그 안에 존재하는 본질적 원인은 발견하기 어렵다. 본질적 원인을 해명해야만 그 현상의 성격과 본질을 꿰뚫고 발전 방향을 모색할 수 있다. 따라서 우리가 통일을 이야기할 때도 분단의 원인 특히 본질적 원인이 어디에 있는가를 명확하게 밝혀내야 한다.

다음으로 위와 같은 정의로는 우리 민족의 특수한 상황으로서 갖는 분단과 통일의 속성을 설명할 수 없다. 통일 문제는 민족 문제의 특수한 형태이며, 가장 시급하게 해결해야 할 민족 문제이다. 해방 이후 해결해야 할 민족 문제를 아직까지 해결하지 못하고 있다.

민족 문제에서 자주성이 가장 중요하다. 일제 강점기 확인했듯이 민족이 자주성을 상실하면 모든 것을 상실하게 된다. 통일 문제가 민족 문제의 특수한 형태라면 통일 문제 역시 자주성이 가장 중요한 요소가 된다. 통일 문제는 자주성의 견지에서 파악되어야 한다. 분단의 장벽을 허무는 과정이 자주성을 회복하는 결과를 가져오지 못한다면 통일이라고 할 수 없다.

마지막으로 위의 정의에는 민족의 화해와 단합이라고 하는 민족대단결 개념이 존재하지 않는다. 민족의 자주도, 통일도 민족대단결을 통해서 실현할 수 있으며, 민족의 발전을 담보하는 근본적인 힘도 민족대단결에 있다. 통일의 목적은 민족 내부의 불신과 대결을 극복하고 화해와 단합을 실현하기 위해서이다. 따라서 통일을 이야기할 때 민족대단결은 반드시 언급되어야 할 요소이다.

민족의 자주를 실현해야 통일이다. 통일은 전민족적 차원에서 민족의 자주권을 회복하는 것이다. 미국에 의해 강요된 분단을 우리 민족끼리 통일했을 때 우리는 비로소 민족 자주를 실현할 수 있다.

민족이 대단결해야 통일이다. 통일은 남과 북 해외의 우리 민족이 대단
결하는 것이다. 오랜 기간의 분단이 초래한 남북 사이의 사상과 이념, 체
제의 차이를 극복하고 단결해야 통일이 가능하다.

따라서 통일은 "한반도 전체 차원에서 민족의 자주를 회복하고 민족이
대단결하는 것"이라고 할 수 있다. 자주를 회복하고 민족이 단결하면 분
단의 장벽은 자연스럽게 허물어지고, 절단된 국토를 하나로 이어 우리
민족은 다시 하나가 될 수 있다.

5장

한국에서
노동자로 산다는 것

한국사회의 특징

'헬조선'

어느 시대에나 '지옥'은 있었다

'헬조선'은 불평등 구조에 기원한다

왜 한국은 더 불평등한가

'헬조선' 방치하는 정치 "이게 나라냐"

한국의 보수정치 "그들만의 리그"

'헬조선', 어떻게 탈출할 것인가

'헬조선'

TV를 켜도, 신문을 펼쳐도 '헬조선'이 헤드라인을 장식하던 적이 있었다. 2015년은 그 정점이었다. 취업난, N포세대와 함께 '헬조선'은 대한민국을 상징하는 시대어이기도 했다.

우리는 왜 자기가 사는 사회를 '헬조선(지옥조선)'이라고 부를까?

청년의 체감실업률은 2017년 1분기 23.6%에서 2021년 26.5%로 3.2%포인트 증가했다. 역대 최고 수준이다. 연애, 결혼, 출산을 포기한다는 뜻을 가진 '삼포세대'라는 말은 오포세대(3+집+경력), 칠포세대(5+취미+인간관계)를 넘어 'N포세대'라는 말로 바뀐 지 오래다.

청년 노동자들이 지하철역에서 스크린도어를 수리하다 전동차에 치어 사망한 사건이 연이어 발생했다. 2013년 성수역에서, 2014년 독산역에서, 2015년 강남역에서, 2016년 구의역에서 발생한 사건이다. 그들은 모두 20~30대 청년 노동자였으며, 모두 비정규직이었으며, 모두 열악한 근무환경에서 일했다. 근무 현장에서는 2인 1조 근무원칙이 제대로 지켜지지 않았다. 사실 성수역과 독산역 사건이 발생할 당시 언론의 주목조차 받지 못했다. '헬조선' 분위기 속에서 2015년 강남역, 2016년 구의역 사건이 언론의 주목을 받으면서 과거 유사한 사건으로 재조명된 것이었다.

이마트 무빙워크를 점검하다가 숨진 고 이모씨, 태안화력발전소에서 작업하다 컨베이어벨트에 끼어 숨진 고 김용균씨. 이들은 모두 2018년 문재인 정부 출범 후 사망했다. 문재인 정부에서도 수많은 노동자들이 죽어갔다. 이렇게 쓰러져 간 노동자는 2021년에 529명, 2022년 12월 현재 358명에 이른다.

택배노동자들은 어떠한가? 22명 동료노동자의 죽음을 지켜본 택배노동자들은 더 이상 죽지 않기 위해 투쟁하였고 그 결과 2021년 6월 택배 노사와 정부 여당 그리고 전문가들이 모여 '사회적 합의'를 도출했다. 과로사의 근본 원인으로 지목된 분류 작업에 인력을 투입하고, 택배 기사는 배송만 한다는 것이 핵심이었다. 그러나 이 합의는 지켜지지 않았다. 국토교통부 민관 합동조사단이 전국 택배 터미널 25곳을 조사한 결과, 합의가 잘 지켜지고 있다는 조사 결과가 나왔다. 그러나 택배 노조의 자체 조사는 달랐다. CJ대한통운 조합원 만6천 명 가운데 64%가 여전히 분류 작업을 직접 하고 있다는 조사결과가 나온 것이다.

스크린도어와 무빙워크를 점검하다가 사망한 많은 청년노동자들에게 한국사회는 지옥이었다. 택배 단가는 떨어지고 부족한 수입을 메우기 위해 더 많은 물량을 배송해야 했던 택배노동자들에게 한국사회는 지옥이었다. 일을 하다 목숨을 잃은 수많은 노동자들에게 한국사회는 지옥이었다.

이들뿐이었을까. 이들의 가족, 이들의 죽음을 지켜보아야 했던 동료들에도 한국사회는 지옥이었다. '헬조선'은 사라지지 않았다. 촛불혁명 후 출범한 문재인 정부에서 더 심한 '헬조선'이 되었으며, 윤석열 정부는 말할 것도 없다.

어느 시대에나 '지옥'은 있었다

그렇다면 '헬조선'은 언제부터일까. 지식인들이 '헬조선'이라고 떠들고, 언론이 그것을 열심히 받아적었던 2010년대부터 '헬조선'이 시작된 것일까.

'헬조선'이라는 용어는 2010년대 만들어졌으나 '지옥과 같은 사회'는 인류 역사에서 오랜 역사를 갖는 것이었다. 흔히들 인류 역사는 원시공산제 사회, 노예제 사회, 봉건제 사회, 자본주의 사회로 발전해왔다고 이야기한다.

원시공산제 사회에서 먹거리는 식물을 채취하거나 동물을 사냥함으로써 확보할 수 있었다. 동물의 침입에 대비하고 더위나 추위를 이겨내기 위해 동굴에서 생활했다. 다같이 나눠먹는 공동체 사회였다.

점점 사회는 발전하고 잘 먹는 공동체와 못먹는 공동체로 나뉘어지기 시작했다. 혹은 더 좋은 무기를 운좋게 먼저 확보하는 공동체도 생겼다. 부족들간에 싸움이 발생하고 싸움에서 진 부족은 이긴 부족의 노예가 되었다. 노예제 사회의 탄생이다. '지옥같은 사회'는 그때부터 시작되었다. 노예에게 현실은 지옥이었고, 노예주에겐 천국이었다.

노예를 많이 거느린 부족은 더 큰 힘을 갖게 되었고, 부족장은 더 큰 권력을 갖게 되었다. 더 많은 부족을 정복하고 더 많은 노예를 보유한 부족은 국가라고 하는 권력체로 발전하게 되었고, 부족장은 왕이 되고, 부족장의 친인척은 귀족이 되어 모든 땅을 그들의 것으로 만들었다. 따라서 신분도 다양하게 분화되었다. 왕족, 귀족은 지배층이 되었고, 그 아래 군인이 있었고, 그 아래 농민이 있었고, 그 아래 노예가 있었다. 봉건제 사회로 발전하게 된 것이다. 봉건제 사회에서 농민과 노예에게 현실은 지옥이었고, 왕족과 귀족에겐 천국이었다.

어느 사회건 그 사회는 누군가에게는 천국이었고 누군가에게는 지옥이었다. 노예를 가진 사람, 왕과 귀족 그리고 토지를 가진 사람(지주)에게 현실은 천국이었을 것이다. 그러나 노예, 토지를 갖지 못하거나 아주 조금 가진 농민들에게 현실은 지옥이었을 것이다.

그래서 '헬조선'이라는 말 자체는 성립되지 않는다. 누군가에게 한국사회는 천국이다. 그러나 누군가에게 한국사회는 지옥이다. '헬조선'이라는 단어의 사용빈도가 최고점에 이르렀던 2015년의 한국사회에서도 일부 청년들에게는 '헬조선'이었고, 또 다른 일부 청년들에게는 '천국조선'이었던 셈이다. 그래서 당시 한국 사회를 보다 정확하게 지칭하는 용어는 '헬조선'보다는 '흙수저', '금수저'였는지도 모른다. '흙수저'에게 한국은 '지옥'이었고, '금수저'에겐 '천국'이었던 셈이다.

2016년 조사결과 직장인 및 대학생 90%가 '헬조선에 동의한다'고 답했다.

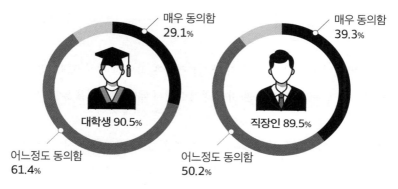

'헬조선'이라는 말에 동의하십니까?
※ 직장인&대학생 3,173명 대상 설문. 자료제공 : 잡코리아×알바몬

매우 동의함
29.1%

매우 동의함
39.3%

대학생 90.5%

직장인 89.5%

어느정도 동의함
61.4%

어느정도 동의함
50.2%

출처 : 데일리팝 http://www.dailypop.kr 2016.07.01.

문제의 본질은 시간이 흐를수록 '금수저'보다 '흙수저'가 더 많아지고 있는 현실에 있다. 한국사회를 '천국'으로 여기는 사람보다 '지옥'으로 여기는 사람이 점점 더 많아지고 있는 것이다. 이같은 추세는 촛불혁명으로도 멈출 수 없었고, 문재인 정부도 멈출 수 없었다.

'헬조선'의 기원은 불평등 구조

그렇다면 '헬조선'은 어디서 기인한 것일까? 그 기원은 한국사회가 '금수저'에게는 천국, '흙수저'에게는 지옥이라는 현실에서 찾아볼 수 있다.

'금수저'는 부모의 재력이나 능력이 좋아 특별한 노력을 기울이지 않아도 풍요로운 삶을 살아가는 자녀들을 지칭한다. 2015년 한 언론 기사에 따르면 자산 20억 또는 가구 연수입 2억원 이상일 경우 '금수저', 자산 10억원 또는 가구 연 수입 1억원 이상은 '은수저', 자산 5억원 또는 가구 연 수입 5,500만원 이상일 경우 '동수저'로 분류된다.(2015.11.9. 중앙일보)

이에 반대되는 경우가 '흙수저'다. 위 기사에 따르면 자산 5,000만원 미만, 가구 연 수입 2,000만원 미만의 가정에서 태어난 자녀를 말한다.

결국 '금수저'와 '흙수저'를 가르는 기준은 소득 격차와 재산 격차였다. 따라서 '헬조선'의 기원은 불평등이라고 할 수 있다. 불평등 구조가 심하지 않을 때는 '개천에서 용나는 경우'가 존재했으나 불평등 구조가 심화되면서 '개천에서 용나는 경우'는 사라졌다. 개천에는 지렁이가 날 뿐이다.

한국사회의 불평등도는 시간이 갈수록 더욱 커지고 있다. 2021년 통계청의 '가계금융복지조사' 자료에 따르면 자산 상위 10%가 차지하는 비중은 해마다 늘었다. 2017년 41.1%, 2018년 41.5%, 2019년 42.3%, 2020년 42.5%, 2021년 43.2%였다.

피케티지수* 추이

*전체 자산가치를 국민소득으로 나눈 값. 높을수록 불평등

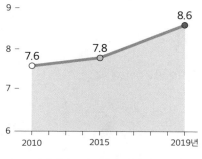

**불평등도를 나타내는
피케티지수 역시
점점 더 커지고 있다.**

자료 : 더불어민주당 고용진 의원실

신한은행이 발표한 '보통사람 금융생활 보고서 2021'에 따르면, 상위
20%는 평균보유 자산이 2018년 11억에서 2020년 12억으로 2년새 1억이
증가했다. 같은 기간 하위 20%는 2,838만원에서 2715만원으로 123만원
이 줄었다. 그 결과 상하위 20% 사이의 자산 격차도 38.6배에서 44.3배
로 커졌다. 부동산이 원인이었다. 상위 20%의 부동산 자산은 2018년 8
억8138만원에서 2020년 9억8584만원으로 1억446만원(11.9%) 늘어난
데 반해, 하위 20%의 부동산 자산은 703만원에서 600만원으로 103만원
(14.7%) 감소했다. 125.4배이던 격차는 164.3배로 더욱 확대됐다.

왜 한국은 더 불평등한가

2016년 기준 한국은 미국 다음으로 불평등지수가 높은 나라였다. 즉 불평등도에서 세계 2위를 차지한 것이다.

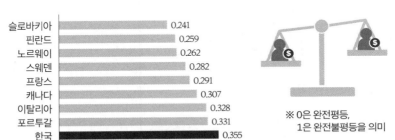

OECD 주요국가 불평등 지수 비교(2016년 기준)

슬로바키아	0.241
핀란드	0.259
노르웨이	0.262
스웨덴	0.282
프랑스	0.291
캐나다	0.307
이탈리아	0.328
포르투갈	0.331
한국	0.355
미국	0.391

※ 0은 완전평등,
1은 완전불평등을 의미

출처 : OECD

2016년만의 현상은 아니다. 2012년에도 한국은 OECD 평균을 넘었다.

한국의 불평등도가 다른 나라에 비해 탁월하게 높은 추세는 그 이전에도 그랬고, 앞으로도 그럴 것이다. 그렇다면 왜 한국 사회는 다른 나라에 비해 불평등도가 심한 것일까.

그 이유는 첫째, 한국 경제의 재벌체제 때문이다. 재벌은 거대자본을 가진 경영진이 가족, 친척 등 친인척을 주축으로 하여 운영하는 혈연적 기업체를 말하며, 산하에 많은 계열 기업을 보유한 거대 기업군을 의미한다. 이들은 경제개발 초기, 즉 이승만 정권과 박정희 정권을 거치면서 정부의 특혜를 받으면서 재벌로 성장하였다. 재벌은 그 규모상 적게는 수

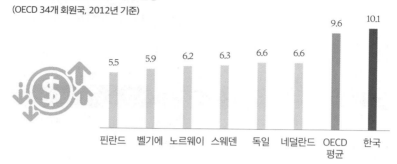

OECD 주요 회원국 빈부격차 현황
(OECD 34개 회원국, 2012년 기준)

핀란드 5.5 벨기에 5.9 노르웨이 6.2 스웨덴 6.3 독일 6.6 네덜란드 6.6 OECD 평균 9.6 한국 10.1

십개, 많게는 수백개의 하청 기업들을 거느리고 있다. 재벌은 하청 기업에게 횡포를 부리고, 하청 기업은 그로 인한 손실을 노동자들의 임금에서 보상받으려 한다. 그 결과 하청 기업의 노동자들은 재벌 기업의 노동자보다 평균 50%에도 못미치는 임금을 받는다.

기업의 규모가 적으면 재벌 의존도는 더욱 커지고, 재벌의 횡포에 더 노출되며 저항하기 어렵다. 그 결과 규모가 적은 기업의 노동자일수록 더 적은 임금을 받게 된다. 이렇게 불평등은 심화되며, 재벌체제가 강화되면 강화될수록 한국의 불평등도는 다른 나라들보다 높아진다.

둘째, 외국자본의 국내 진출은 불평등도를 더욱 심화시킨다. 한국의 주요 기업에 외국자본이 진출한 것은 어제오늘의 일이 아니다. 아래 도표는 코로나 이전인 2019년 주요 기업의 외국인 지분율 현황이다.

기업	삼성전자	SK 하이닉스	현대 자동차	LG화학	현대 모비스	POSCO	SK 텔레콤	KT
외국인 지분율(%)	57	50	45	39	48	55	41	49

그 결과 외국인의 수익은 2019년 현재 연간 100조원 가까운 금액이 되었다. 재벌과 대기업들은 이렇게 외국투자자에게 빠져나간만큼의 손실을 노동자들에게서, 소비자들에게서 보상받으려 한다.

구 분	1992	2019
코스피 시가총액	85조원	1,476조원
외국인 보유금액	4조원	561조원
외국인 지분비중	4.9%	38.1%
외국인 수익	2.7조원	96조원

셋째, 불평등 타파를 요구하는 노동자 민중들의 요구와 시민사회의 요구는 보수정치세력들에 의해 빈번하게 묵살되었다. 군부독재 정권은 노골적으로 반노동, 친기업(친재벌) 정책을 폈다. 전태일 열사의 분신은 군부독재 정권의 반노동, 친기업 정책에 대한 저항이었다. 군부독재 정권은 노동자의 희생으로 기업의 성장과 경제 발전을 도모했으며, 불평등은 당연한 것으로 간주되었다.

그렇다면 1987년 민주화 이후 불평등은 해소되었는가. 87년의 민주화는 정치적 민주화에서 일정 전진했을지언정 경제적 민주화에서는 후퇴를 의미하는 것이었다. 87년 체제의 민주주의는 재벌과 기업들에게 자유를 부여했다.(기업 외에도 검찰과 언론이 87년 체제의 민주주의 하에서 자유를 구가했음은 주지의 사실이다.)

87년 이후 재벌 일가의 기업 승계가 본격화되었고, 재벌들이 유력 대선

후보에게 대선자금을 건네주는 일은 다반사였다. 그렇게 자유를 획득한 재벌들은 정부의 비호 아래 사업을 문어발식으로 확장해갔다. 정치권은 돈이 필요했고, 재벌 등 기업은 정치적 보호가 필요했다. 재벌을 비호해야하는 정부 입장에서 불평등을 타파하고자 하는 노동자 민중, 시민사회의 목소리는 수용불가능한 것이었다.

넷째, IMF 신자유주의 체제는 불평등 구조를 더욱 심화시켰다. 신자유주의는 노동시장의 유연화라는 명목으로 기업들에게 해고의 자유를 주었다. 노동자들은 해고 당하기 싫어 저임금을 감내해야 했고, 해고된 노동자들은 자영업자가 되어 건물 소유주들의 봉으로 전락한 지 오래이다.

다섯째, 분단체제, 반공반북 이데올로기이다. 해고를 반대하는 노동자들의 투쟁은 종북좌파로 내몰린다. 재벌과 대기업은 노동자를 착취하여 이득을 얻고 그 자금 중 일부가 전경련을 거쳐 어버이연합에 흘러들고 그 돈은 노동자들의 투쟁을 "종북좌파"로 내모는 활동비로 지원된다.

이상과 같이 재벌이 지배하는 기형적 경제구조, 외국자본의 진출, 노동자보다는 재벌과 대기업을 우대하는 보수정치 세력, IMF 신자유주의 체제, 분단체제를 이용한 반공반북 이데올로기 공세 등이 복합적으로 작용함으로서 불평등 체제를 타파하려는 모든 시도들은 봉쇄되고 한국사회는 세계에서 가장 극심한 불평등 사회가 유지, 강화되었다.

'헬조선' 방치하는 정치 "이게 나라냐"

박근혜 탄핵 촛불집회 때 많이 등장했던 구호 중 하나가 "이게 나라냐"였다. 세월호, 박근혜-최순실 게이트 등 상식적으로 이해될 수 없는 상황이 반복되는 박근혜 정부에 대해 누군가 이 구호를 외치기 시작했고, 트위터와 페이스북 등 각종 SNS를 통해서 급속하게 전파되었다. "이게 나라냐"라는 구호에는 나라는 최소한 국민의 안전과 생명을 책임져야 한다는 것, 민주적 절차에 의해 선출된 권력은 다른 개인이 행사해서는 안된다

는, 정치에 관한 초보적이며 상식적인 내용이 함축되어 있다. 그렇게 우리는 '제대로 된 나라'를 만들기 위해 촛불을 들었고, 박근혜 탄핵과 조기 대선에 열광했다.

출처 : 페이스북 캡처

그런데 문재인 정부에서는 과연 '제대로 된 나라'가 만들어졌던가. 세월호 문제는 여전히 베일에 가려져 있고, 이재용, 박근혜 등 국정농단의 주범은 이미 석방되어 사실상 면죄부를 부여받았다. 수많은 노동자들이 죽어가고 있으나 문재인 정부 역시 이들의 죽음을 외면하고 있다.

물론 문재인 정부는 노동자들의 죽음에 안타까운 심정을 토로했다는 점에서 '문재인의 나라'와 '박근혜의 나라'를 동일시할 수는 없다. 그러나 그 죽음이 반복되지 않을 '안전한 사회, 공정한 사회'를 만들지 못했다는 점에서 여전히 우리는 "이게 나라냐" 라는 물음을 던질 수 밖에 없다.

노동자들에게, 농민에게, 빈민에게 여전히 "제대로 된 나라"는 존재하지 않는다. '헬조선'은 방치되었고, 심화되었다. 사라진 것은 '헬조선'이라는 단어 뿐이다.

'헬조선'은 경제적 불평등의 문제만이 아니라 정치의 문제이다. 나라는 국민의 안전과 생명을 보호하고 지켜야 한다. 그렇지 않으면 나라가 아니다. '헬조선'으로 상징되는 경제적 불평등이 국민의 안전과 생명을 위협한다면 나라는 경제적 불평등을 해소해야 한다. 그렇지 않으면 나라가 아니다. 나라를 다스리는 것이 정치이다. 따라서 정치는 국민의 안전과 생명을 지켜야 한다. 결국 '헬조선'은 정치의 문제인 셈이다.

정치가 바로서지 않으면 경제적 불평등은 더욱 심화될 것이며, '헬조선'은 더욱 기승을 부릴 것이다. '헬조선'이 기승을 부린다는 것은 정치가 바로서지 않았다는 징표이다. 촛불혁명 이후에도, 문재인 정부에서도 정치는 바로서지 않았다.

한국의 보수정치 "그들만의 리그"

돌이켜 보면 한국의 정치가 제대로 작동한 적은 단 한번도 없었다. 보수 정치 세력들은 정권을 잡기 위해 치열한 권력 다툼을 벌이지만, 노동자와 농민 등 민중의 열악한 삶을 개선하는 정치는 외면하고 민중들의 투쟁을 탄압하는 데서는 일치단결된 모습을 보였다. 지주와 자본가를 위하는 "그들만의 리그"였던 것이다. 몇 가지 중요한 역사적 사건을 살펴보자.

구한말 농민의 처지

흔히들 '구한말'이라고 표현하는 19세기 중후반 조선 사회. 당시 농민들은 삼정의 문란으로 극심한 고통을 받고 있었다. 외척 등의 세도정치로 인해 나라 재정은 파탄에 이르게 되었고, 봉건지배세력은 온갖 빌미를 갖다붙이면서 농민들에게서 세금을 수탈해갔다.

한편 이 시기 봉건지배세력은 서양문물을 빨리 받아들이자는 '개화파'와 서양세력과 문물을 배척해야 한다는 '척화파'로 나뉘어 싸우고 있었다. 3일 천하로 끝난 '갑신정변'은 위로부터의 개혁 노력이었으나 좌절하였다. 그로부터 10년이 지난 1894년 동학농민운동이 발발하였다. 봉건통치세력은 동학농민운동을 진압하기 위해 동분서주했다. 급기야 청나라에까지 군대 파병을 요청함으로써 청일전쟁의 빌미를 제공했다.
당시 농민들에게 조선은 그야말로 '헬조선'이었다. 그러나 봉건지배세력은 양반을 우대하고 농민을 천대하는 정치를 펼쳤다. 그런 봉건지배세력에게 농민의 고통은 중요하지 않았다. 그러나 농민의 봉기는 양반지배체제를 위협하는 것이었기에, 외세까지 끌어들여 농민 봉기를 진압하려 했던 것이다.

해방정국 시기 농민의 처지

해방 직후인 1945년 말 전체 농가의 48.9%가 순수 소작농이었고, 소작을 겸하는 자작농 비율까지 합치면 전체 농가의 62.7%가 소작농이었다. 따라서 해방 정국에서 가장 중요한 문제는 농민문제, 그 중에서도 식량문제였다.

해방과 더불어 외국에 나가있던 사람들이 들어오면서 인구는 늘어났지만 식량 생산량은 턱없이 부족했고 지주들의 수탈은 사라지지 않았다. 조선의 식량 사정에 둔감했던 미군정은 배급제를 폐지하고 식량을 자유롭게 판매하는 정책을 펼친 결과 식량 사재기 현상을 부추겼고 쌀값이 천정부지로 상승하는 결과가 초래되었다.

가장 큰 피해를 본 것은 지주들에게 수확 농산물을 다 빼앗긴 소작농들이었으며 이들 소작농들은 전국 곳곳에서 들고 일어났다. 그러나 지주와 결탁한 미군정과 이승만, 그리고 한민당은 이들 소작쟁의를 '공산폭동'으로 규정하고 소작농들을 '빨갱이'라고 탄압했다.
당시 이승만 세력과 한민당 세력은 미군정에게 더 잘보여 정권을 장악하기 위해 혈안이 되어 경쟁하던 처지였으나 소작쟁의를 분쇄하고 농민들을 탄압하는 데서는 일치단결하였다. 그들은 38선 이남의 대한민국을 지주가 우대받고 농민이 천대받는 사회, 친일파가 우대받고 독립운동가가 천대받는 사회를 만들고자 했다. 그런 그들에게 소작농의 고통은 중요하지 않았다.

그들은 분단정권을 수립하는 데서도 일치단결한 모습을 보였다. 분단을 저지하기 위한 투쟁을 '공산폭동'으로 규정했고 통일정부를 수립하고자 애쓰는 애국인사들을 '빨갱이'로 탄압했다. 여운형 선생도, 김구 선생도 그렇게 죽임을 당했다.

대한민국 정부수립 이후 그들은 분열된다. 이승만은 자유당을 창당하여 당수가 되었고, 한민당은 민주당으로 이름을 바꾸면서 제1야당의 길을 걸었다. 이들은 치열한 권력 다툼을 벌였으나 조봉암의 진보당을 해체하고, 북진통일을 주장하고, 분단체제를 강화하고, 지주의 이익을 옹호하고 농민의 생존권을 외면하는 데서 일치된 모습을 보였다.

87년 민주화 이후 보수 양당 체제와 "그들만의 리그"

전태일 열사로 대표되는 박정희 군부독재 시절은 생략해도 되겠다. 너무 많이 알려진 사건이기도 하고, 군부독재 시절은 보수정치세력조차도 기를 펴지 못하는 상황이었기 때문이다.
87년 6월 항쟁 이후 한국사회는 보수 양당체제가 굳건하게 자리잡았다.

특히 1990년 노태우의 민정당, 김영삼의 통일민주당, 김종필의 공화당이 합당하는 소위 '3당 합당'이라는 야합 정치를 펼친 이후 한국 정치는 보수 양당체제로 굳어졌다.

이들은 서로 정권을 잡기 위해 경쟁하지만, 노동자들의 파업을 진압하고 자본의 이익을 실현하는 데서는 일치된 모습을 보였다. 최초의 정권교체라고 일컬어지는 김대중 정부 하에서 IMF 구제금융이 시작되었고 노동시장 유연화, 신자유주의라는 미명 아래 노동자를 쉽게 해고할 수 있는 길이 열렸다. 당연히 야당은 이같은 정부의 정책에 쌍수를 들어 환영했다. IMF 체제 하에서의 신자유주의의 확산은 '헬조선'으로 가는 문이 활짝 열리는 것을 의미했다.

노무현 정권 시기 비정규직 문제가 사회적 화두가 되었다. 노무현 정권은 비정규직 문제를 해결하겠다면서 비정규직법을 만들었으나 이 법은 오히려 기업들로 하여금 비정규직을 2년마다 해고하고 새로운 비정규직을 채용하는 합법적 길을 열어주었다. 이로써 '헬조선'으로 가는 문은 더욱 넓어졌고 그 문을 닫기에는 너무 견고해졌다.

민주당 정부는 재벌 문제에서도 취약한 모습을 보였다. 김대중 정부 시기 금융계열사의 의결권 행사가 허용되었고 금융계열사의 주식보유한도는 완화되었다. 출자총액제한 예외 범위가 넓어져 재벌의 지배구조는 더욱 견고해졌고, 증권집단소송제도는 지연되었다.

노무현 대통령은 "이제 권력은 시장으로 넘어갔다"고 공언함으로써 정부의 역할에 스스로 한계를 두었다. 그 결과 출자총액제한의 한도를 25%에서 40%로 확대했고, 후보 시절 공약이면서 인수위 중점추진과제였던 '재벌계열 금융기관 계열분리 청구제' 도입은 국정 로드맵에서 제외되었다.

이명박 정부가 출자총액제한제도를 폐지하고 상호출자제한 기업집단의 자산 기준을 2억에서 5억으로 상향하는 등 친재벌 정책을 펼친 것은 이례적 현상이 아니라 김대중, 노무현 정부 정책의 연장선에 있는 것이었다.

'헬조선', 어떻게 탈출할 것인가

보수정치가 지배하는 상황에서 '헬조선'은 심화될 수 밖에 없다. 정부의 정책에 따라 다소 속도의 차이는 존재할지언정 보수정치가 지배하는 한 '헬조선'은 지속적으로 강화된다. '헬조선'은 결국 불평등의 문제이며, 불평등의 문제는 자본의 탐욕에 제동을 걸어야만 해소된다. 자본에 제동을 걸고 불평등 구조를 깨뜨리고 공정과 평등의 새로운 구조를 만들어냈을 때 '헬조선'에서 탈출할 수 있는 것이다. 그런데 보수정치는 그럴 마음이 전혀 없다.

왜냐하면 그들은 자본가를 우대하는 정치세력이기 때문이다. 자본가를 우대하면서 노동자를 동시에 우대할 수는 없다. 어떤 특정한 정치적 환경 때문에 잠시 노동자를 우대하는 정치를 할 수는 있어도 그들은 다시 본연의 역할, 자본가를 우대하는 정치로 돌아간다.

또한 '헬조선'의 탈출은 경제의 영역이 아닌 정치의 영역이라는 것을 분명하게 해야 한다. 자본의 생리는 이윤의 극대화이다. 따라서 자본은 자신의 이익 실현을 최우선으로 한다. 정치가 자본의 이익을 대변하는 순간 불평등은 심화된다. 나라를 운영하는 정치는 자본의 이익이 아닌 사회 전체, 공동체 전체의 이익을 추구해야 한다. 그랬을 때 불평등 문제는 해소되고 '헬조선'에서 탈출할 수 있다.

신자유주의 문제 역시 '헬조선' 탈출의 거대한 걸림돌이다. 신자유주의는 국가와 정치의 기능을 약화시키고 기업들에게 무한의 자유를 제공한다. 당연히 기업의 자유는 이윤 추구의 무제한적 자유이다. 결국 신자유주의는 외국 자본의 국내 침탈이 본질이며, 미국 중심 자본주의가 우리 경제를 지배하는 현상이다. 미국 중심의 자본주의, 신자유주의에서 벗어날 때 '헬조선' 탈출의 문은 비로소 열리게 된다.

이것들이 가능하도록 하는 힘은 무엇일까. 결국 당사자만이 탈출구를 찾을 수 있다. 한국사회를 '헬조선'으로 여기는 사람, 한국사회의 불평등 구조로 인해 고통받고 있는 당사자들만이 탈출구를 모색할 수 있다. 보수정당도, 민주당 정부도 이 문제를 해결해 주지 않는다.

노동운동은 노동조합의 운동이라고 해도 과언이 아니다. 지금까지 노동자들은 노조를 결성하여 해고를 반대하고 신자유주의를 반대하고 불평등 구조를 타파하기 위해 싸워왔다. 그러나 쳇바퀴 돌듯 반복되었다. 민주노총이 만들어진 후 30년 가까이 싸워왔지만 '헬조선'은 더욱 강화되지 않았던가.

무엇이 문제였을까. 싸우는 모든 사람에게는 무기가 필요하다. 무기는 다양한 형태로 존재하지만 크게 나누면 방패와 창이다. 노동조합은 방패였다. 자본이 수탈하면 그것을 막기 위해 노동자들은 노조를 결성하여 싸운다. 정권이 탄압하면 그것을 분쇄하기 위해 노조로 단결하여 싸운다. 노동조합은 노동자들을 자본과 보수정치로부터 지켜내는 방패였다.

그러나 방패만으로는 싸움에서 승리할 수 없다. 창이 있어야 적들을 찌

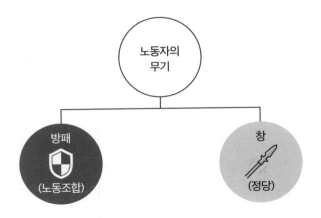

르면서 전진하고 결국 적들을 몰아낼 수가 있다. 노동자들에게도 창이 필요하다. 노동자들에게 방패의 역할을 하는 것이 노동조합이라면, 창의 역할을 하는 것은 노동자의 정당이다. 노동자는 자신의 정당을 만들고 그 정당으로 정치권력을 장악했을 때 비로소 노동자를 착취하고 수탈하는 자본가들과의 싸움에서 승리할 수 있다. 그래야 노동자를 천대하고

자본가를 우대하는 사회가 아닌 노동자가 우대받는 사회, 없는 자들이 우대받는 사회를 만들 수 있다. '헬조선'의 탈출은 노동자들이 노동조합이라는 방패와 노동자의 정당이라는 창으로 무장했을 때 비로소 가능해진다.

윤석열 정부 들어와 한국 경제는 더욱 큰 위기 속으로 빠져들고 있다. 세계 경제는 장기 침체에 빠져들고 있으며, 우리 민중들 역시 고물가, 고금리, 고환율로 신음하고 있다. 윤석열 정부는 부자 감세, 서민복지 축소, 노동 탄압으로 일관하고 있다. 불평등은 더욱 심화될 것이며, 윤석열은 헬조선에서 탈출하고자하는 노동자 민중들의 몸부림을 불법으로 내몰면서 사법 칼날을 휘두를 것이다.

헬조선 탈출은 윤석열 정부 퇴진없이 가능하지 않다. 윤석열 정부를 끌어내리는 노동자 민중의 투쟁 속에서 창과 방패를 더욱 단련시켜 노동자 민중의 새로운 정치, 새로운 사회를 만들었을 때 헬조선 탈출은 가능하다.

노동자의 눈으로
세상을 보다

노동자의 철학

———

1. 노동자의 눈으로 세상을 보자

세상을 보는 눈

유명한 이야기가 있다.

> · 기자 : 어르신 무엇 때문에 살기가 어려우세요?
>
> · 노인 : 종부세 때문에 살기가 어려워.
>
> · 기자 : 어르신 집 많이 가지고 계세요?
>
> · 노인 : 아니, 난 월세 살아.

이 노인은 집 한 채 없이 월세를 사는데, 다주택자의 종부세를 걱정한다. 이 노인은 자기 눈으로 세상을 보는 것이 아니라 남의 눈으로 세상을 보는 것이다. 이런 사례는 수도 없이 많다.

> · 우리는 파업하지 않습니다. 우리는 태업하지 않습니다
>
> · 택배노조의 갑질로 기사들의 피해가 크다.
>
> · 택배노조는 택배기사를 가장 힘들게 하는 조직이다.

'비노조택배연합'이라는 조직이 있다. 이들 150여 명은 여의도 국회의사당에서 노조반대 집회를 열었다.

현장에서도 노동조합 걱정보다는 회사 걱정을 많이 하고, 회사 입장을 대변하는 노동자들을 흔히 보게 된다. 역시 남의 눈으로 세상을 보고 있다. 왜 이런 일이 생기는 것일까.

한 사회에서 지배적인 사상은 지배계급의 사상이기 때문이다. 정치권력을 잡은 지배계급은 경제권력과 사상권력도 장악한다. 우리는 태어나서부터 집에서, 학교에서, 지배계급의 철학을 배우고 내면화한다. 군대에 가서는 재교육을 받고, 직장에서도 늘 지배계급의 철학을 학습한다. "공부 열심히 해라", "어디 나서지 마라", "모난 돌이 정 맞는다", "돈이 최고다" 등등. 24시간 내내 신문, 방송, 유튜브, 드라마, 영화를 통해 귀에 못이 박히게 듣는다. 이러니 노동자 민중이 지배계급의 사상으로 세상을 보는 것은 이상한 일이 아니다.

이제 노동자의 눈으로 세상을 보자. 아무도 노동자의 철학, 노동자의 세계관, 노동자의 사상으로 세상을 보는 것을 가르쳐 주지 않는다. 스스로 알아가자.

두 가지 철학

세상을 보는 눈이 '철학'이다.

철학에는 두 종류가 있다. 지배자의 철학과 노동자의 철학.

"서있는 데가 바뀌면 풍경도 달라진다."는 말이 있다. 다 자기의 입장에서 세상을 바라본다는 뜻이다. 파업투쟁에서 승리한 노동자들에게 저녁 노을은 심장에 타오르는 승리의 상징처럼 보이지만, 이제 막 실연당한 연인에게는 처량하고 슬픈 광경이다.

"뭐 눈에는 뭐만 보인다"는 말도 비슷하다. 누구의 어머니는 미용사 출신 인데, 지나갈 때 사람들 머리만 본다고 한다. "저 머리는 얼마짜리, 저 머 리는 새로운 스타일이네" 등등. "사람은 듣고 싶은 것만 듣고, 보고 싶은 것만 본다"는 말도 있다. 이것은 다 인간이 자신의 입장에서 세상을 바라 본다는 뜻이다.

'입장'이라는 것은 사람마다 천차만별이지만, 가장 중요한 입장은 계급 적인 이해관계와 요구이다. 즉 지배자의 이익을 중심으로 바라보는 세상 과 억압받고 착취받는 노동자의 입장에서 바라보는 세상은 다를 수 밖 에 없다. 이 세계관의 차이, 이것을 '철학'이라고 한다. 지배자의 이익과 노동자의 이익을 동시에 만족시키는 철학은 없다. 지배자는 지배자의 입 장에서 여러 가지 생각들을 체계화한다. 노동자는 자신의 입장에서 여러 가지 생각들을 체계화한다. 그래서 세상에는 지배자의 철학과 노동자의 철학. 이 두 가지가 대립하게 된다.

철학이란 무엇인가

이상한 일이 있다. 종부세를 반대하는 사람은 노동자의 파업도 대체로 반대한다. 그리고 최저임금을 올리는 것도 반대하고, 미국을 좋아하고 북 을 미워하는 경향이 있다. 나아가 광주항쟁을 북한 게릴라들의 소행이 라고 믿는 경향이 강하다. 일제강점기 성노예 문제도 '돈을 벌기 위해 한

일'이라고 생각할 가능성이 높다. 이렇게 한 두 가지 사안이 아니라 매사를 바라볼 때 어떠한 경향이 반복되면, 그것이 그 사람의 세계관이다. 한 사람이 여러 가지 사건에 대해서 비슷한 주장을 반복한다면 그것은 우연이라고 보기 힘들다. 반복되는 어떤 입장, 그것이 바로 그 사람의 세계관이다. 여기에 학문적으로 개념을 확립하고 체계를 잡아나가면 그것을 '철학'이라고 한다. 철학은 세계관을 확립하는 학문이다.

세계관이 없는 사람은 없다. 인간이면 누구나 다 자기 세계관, 철학을 가지고 있다.
세계관은 세상을 바라보는 마음의 눈이다. 어떤 문제에 대해서 견해와 관점, 입장을 갖는 것. 이것을 세계관이라고 한다.

먹고 살기도 바쁜데, 왜 우리가 철학을 알아야 할까? 이 질문에 답하려면 인간이 왜 철학을 하는지에 대해서 말해야 한다.
먼저 '인간에게 가장 중요한 문제는 무엇일까?' 라는 질문부터 던져보자. 자기 운명문제이다. 인간에게 자기 운명문제만큼 중요하고 심각한 문제는 없다. 인간은 '어떻게 살아야 하고, 어떻게 하면 잘 살 수 있고, 그 끝에 자기 운명을 어떻게 해결하면 좋겠는지'에 대해 늘 생각하게 된다. 이것에 대해 해답을 주는 것이 철학이다. 인간의 운명문제에 대해 해답을 주는 것, 그것이 철학의 사명이다. 그래서 철학은 인간 운명의 나침반, 길잡이, 네비게이션이라고 할 수 있다.

2. 노예인가 주인인가

인간의 최대 중대사가 '인간의 운명' 문제라면, 여기에는 두 가지 길이 있다. 나는 '운명의 노예'인가, '운명의 주인'인가 하는 문제다.

· 광활한 우주공간에서 인간은 먼지에 불과한 존재이다.
인간의 운명은 신이 정한다. 인간의 운명은 바꿀 수 없다.
운명에 순응하고 살아야 한다. 운명에 맞서지 마라.

· 인간은 세계의 주인이다. 인간 운명은 인간 자신의 손에 달렸다.
인간은 자기 운명의 주인이다. 세상이여 길을 비켜라.

숙명론

"가난 구제는 나랏님도 못한다"는 말이 있다. 이 말은 무슨 뜻일까? 나라에서 권력이 제일 강한 사람이 '왕'이다. 그런데 그 왕도 가난 구제는 못한다고 한다. 대다수 노동자 민중은 가난하다. 그런데 그것은 어쩔 수 없는 팔자라는 말이다. "나랏님도 못하는 일은 어쩌라는 거냐." 이런 이야기다. 이런 주장을 숙명론이라고 한다.

시스템을 바꾸거나 사회를 바꾸려는 생각을 하지 말라는 것이다. 가난은 타고난 팔자이니 그냥 받아들이고 살라는 것이다. 타고난 운명을 공연히 헛힘 써가면서 바꾸려 하지 말고 인정하고 순응하고 살라는 말이다.

염세주의와 비관주의

시지프 신화라는 것이 있다. 시지프라는 인간이 바윗돌을 굴려 겨우 산 꼭대기에 올려 놓았는데, 지옥의 신은 이를 다시 굴려 떨어뜨린다. 시지프는 끊임없이 바위를 굴려 산 정상에 올려 놓지만 도로 굴러떨어지는 일이 계속 반복된다. 이것은 무엇을 말하려는 것일까?

"인생은 고행"이라는 말이다. 원래 인생은 이렇게 고행이고 허무한 것이니 빨리 죽는게 차라리 낫다는 식이다. 이것을 염세주의, 비관주의라고 한다.

무수한 노동자 민중들이 장시간 노동, 강도 높은 노동에 시달리고 있다. 최소 수면도 채우지 못하고 화물차 운전대를 잡고 고속도로를 달려야 하고, 안전장치도 없이 건설현장에서 일해야 한다. 엘리베이터도 없는 빌라에 절인 배추상자를 들고 계단을 올라야 하고, 뜨거운 기름가스를 마셔가며 급식을 준비해야 한다. 밤을 새며 게임코드를 두드리고 배경만화를 그려대야 한다. 이 지옥같은 노동을 언제까지 반복해야 할까? 아마 죽음에 이르러서야 끝나는 것인가? 생에 대한 비관과 염세가 안 생길 수가 없다.

요즘 청년들이 우울증에 많이 걸린다고 한다. 지옥같은 시험 경쟁을 뚫고 4년제 좋은 대학을 나와도 취직이 안되기 때문이다. 너무 힘들고 앞길도 잘 보이지 않는다. 우울증에 안 걸리는게 이상하다.

"도대체 내 인생은 왜 이런 거야?"라고 물으면, 이렇게 대답한다. 원래 "인생이 고행이야", 시지프의 신화처럼. 무슨 이야기인가? 인생이란 본래부터 힘들고 고달픈 거니 새삼스럽게 생각할 필요가 없다는 것이다. 태어난 것부터가 잘못이란 말일까? 이번 생은 망했으니 다음 생이나 기약하라는 말일까?

여기에는 어떠한 인생의 낙관과 희망도 없다. 비관과 절망, 염세에 빠진 인간, 자기 아픔에 매몰된 인간은 저항하지 않는다. 염세주의와 비관주의 역시 숙명론의 아류이다. 인간 운명은 바꿀 수 없다는 것을 강조한다는 점에서 그렇다.

향락주의

도시의 밤은 취해있고, 어디에서는 팔에 주사바늘을 찌르고 있다. 상상할 수 없는 성적 타락이 도시와 사이버 공간에 횡행하고 도박과 사기가 판을 친다. "어차피 인생은 고행인데, 순간을 즐기자", "어차피 인생은 한 방인데 열심히 살 거 있나, 한 건 잘 하면 되지."

염세주의와 향락주의는 동전의 양면이다.

아등바등 살아봐야 소용없다는데 누가 열심히 살려고 할까?

누가 희망도 낙관도 없는 삶을 성실하게 살려고 노력할까?

숙명론과 염세주의, 향락주의는 모두 "인간은 주어진 '운명의 노예'"라는 사상을 퍼뜨린다. 그리고 여기에 물든 노동자 민중은 절대로 저항하지 않는다. 이것을 노리는 것이다.

인간은 자연의 주인

이제 어느 주장이 맞는지 따져보아야 한다.

동물과 인간을 비교해보자. 인간은 자주적이다. 그러나 동물은 순응적이다.

동식물은 본능에 따라 움직인다. 식물은 살아남기 위해 광합성을 한다. 동물은 먹고 자고 배설하는 신진대사를 한다. 그리고 생물체는 유전자를 통해 번식한다. 이것이 자연생물의 기본 생존방식이다. 인간도 생물체이기 때문에 이러한 본능이 작용한다. 동물과 같은 본능에 따른 삶은 자연법칙에 순응하는 숙명적 삶이다.

그러나 사회 속에서 살아가는 인간은 동물과 구별되는 다른 점이 있다. 인간은 운명의 노예로 살기를 거부한다. 인간은 세계의 주인으로 자유롭게 살려고 한다. 온갖 구속과 예속을 참지 않는다. 인간은 외부 환경이 하자는 대로 움직이는 피동적 존재가 아니라 오히려 그에 맞서 외부의 온갖 구속과 예속을 반대하고 모든 것을 자기에게 복무하게 하면서 자주적으로 살아가려고 한다. 이것이 인간의 가장 중요한 특징이다. 그래서 인간을 '자주적 존재'라고 한다. 인간은 자주적인 존재이기 때문에 세상의 주인이 된다. 이해를 돕기 위해 구체적인 예를 들어보자.

인간은 무엇보다 자연의 주인이다. 땅에서 농사를 짓고, 육지 위에 건물을 짓고 도시를 건설하는 존재는 인간밖에 없다. 인간만이 기계를 만들어 물건을 생산하고, 자동차, 기차를 만들어 이동하고, 거대한 배를 띄워 바다를 항해하며, 우주공간에 우주선을 쏘아 올린다. 이 모든 것은 인간이 주인으로 살려는 자주적인 지향과 요구를 가지고 있기 때문이다.

인간은 사회와 역사의 주인이다.

자연세계에는 정치와 경제, 문화생활이라는 것이 없다. 오직 인간만이 사회제도와 사회적 재부를 만들고 바꾸어 나간다. '사회'는 사람과 사회적 재부와 사회적 관계로 구성된다. 인간은 사회적 관계를 맺고 사회적 활동을 하며, 사회적 재부들을 만들어간다.

특히 노동자 민중은 자기의 요구에 맞게 사회관계를 만들고 변화발전시킨다. 인간은 인간들끼리 사회생활 과정에서 정치관계, 경제관계, 문화관계를 만들어 내고 사회적으로 활동한다. 사람들은 정치제도, 경제제도가 불합리하면 이를 없애버리고 자주적 요구에 맞게 새로운 사회제도를 세운다.

"왕후장상의 씨가 따로 있나?", "태어날 때부터 누구는 왕이고, 누구는 양반이고, 누구는 머슴이 되는 그런게 어디있나? 인간은 평등하다"하면서 혁명을 일으켰다. 대한민국에서 독재 권력을 누렸던 자 중에 끝이 좋은 대통령은 하나도 없었다. 이승만은 4.19혁명으로 쫓겨났고, 박정희는 총에 맞아 죽었다. 전두환, 노태우는 감옥에 갔고, 이명박 박근혜도 따라갔다. 대한민국 노동자 민중은 불의의 권력을 단 한 번도 그냥 두지 않았다. 이것이 노동자 민중이 사회와 역사의 주인이라는 것을 증명해준다.

오늘도 노동자 민중은 자기 운명을 개척하기 위해 투쟁으로 일어서고 있다.

인간은 자기 운명의 주인이다.

베토벤은 유럽 혁명기의 음악가였다. 그가 작곡한 운명 교향곡은 귀가 멀었을 때 작곡한 것이다. 음악가가 귀가 멀었다는 것은 사형선고나 다름없다. 그러나 베토벤은 말했다. "나는 나의 운명의 목을 조르고 싶다." 자기 운명의 주인이 되고자 하는 강한 의지의 표출이다.

전태일 열사는 "우리는 기계가 아니다"라고 외치며 자기 몸을 불살랐다. 인간은 자기 운명의 주인이 되기 위해 목숨도 바치는 존재이다. 인간이 <인간답다>고 할 때의 첫 번째 징표는 인간이 "세계와 자기 운명의 주인"이라는 것이다. 노동자 민중은 자주적인 존재이기 때문이다.

인간은 힘들고 어려울 때 철학적 생각에 빠진다. 평소에는 관심이 없다가도 힘들고 어려울 때 잠시 걸음을 멈춰 서서 생각을 하게 된다. "지금 내가 뭘 하고 있는 거지?"

세계와 자기 운명의 주인으로 사는 것은 쉽지 않다. 정치권력과 경제권력 모두를 지배자들이 쥐고 있기 때문이다. 그래서 노동자 민중은 노예로 살지 않고 주인으로 살기 위해 투쟁을 한다. 그런데 그게 쉽지 않다. 어렵다. 이럴 때 철학을 한다.

지배자들은 노동자 민중이 세상의 주인, 자기 운명의 주인으로 나서는 것을 원하지 않는다. 인정하지 않는다. 그래서 무자비한 탄압으로 노예로 살기를 강요한다. 그리고 속삭인다. 노동자 민중이 투쟁 중에 힘들어서 잠시 멈춰서 생각할 때 '숙명철학', '인간 나약성' 이론을 속삭이는 것이다.

'인간은 신의 피조물이므로 신의 뜻에 따라야 한다', '인간은 태어날 때부터 하느님에게 죄를 지었으므로 평생 죄값을 반성하며 살아야 한다', '날 아봤자 부처님 손바닥이고, 뛰어봤자 벼룩이다. 인간의 운명은 바뀌지 않는다', '강약부동 몰라?', '돌고 도는게 인생이고 결국 제자리야'.

이렇게 노동자 민중의 투쟁의지에 김을 푹푹 빼면서 착취와 억압질서를 운명으로, 숙명으로 받아들이라고 한다. 거부하거나 저항하지 말라는 것이다. 거부하고 저항하다 힘들면 이 숙명론을 깊이 새기고, 포기하고 조용히 살라는 것이다. 이럴 때 노동자 민중의 철학으로 튼튼히 무장한 사람은 전진하고, 지배자의 철학에 굴종하는 사람은 중도에 포기하게 된다. 다시 노예로 돌아가는 것이다. 이래서 세계관, 철학이 중요하다.

그러나 중도에 포기한다고 다 끝난게 아니다. 끝날 때까지 끝나는게 아니다. 인간은 본성상 자주적이기 때문에 절대로 그렇게 되지 않는다. 자주성은 인간의 가장 중요한 징표이고 인간의 생명이기 때문이다. 때문에 노동자 민중은 자주성을 회복하기 위한 투쟁에서 목숨도 바치게 된다. 외세의 침략자들에게 나라 주권을 빼앗겼을 때 주권을 되찾기 위해 싸웠던 노동자 민중들, 그리고 착취자들과 불평등 세상에 맞서 노동조합을 지키고 노동자 해방을 위해 투쟁하는 노동자 민중들의 투쟁은 그것이 실현될 때까지 멈추지 않는다. 그것이 인간의 본성이기 때문이다.

3. 무능력자와 능력자

인간이 무에서 유를 창조하고 세상의 주인이 되어 산다는 것은 자본가
조차도 부인할 수 없다. 심지어는 '환경문제로 인류멸종의 위기가 올 것'
이라고 할 정도로 인류는 지구와 우주를 정복해 왔다. 물론 환경침해는
자본의 탓이다. 지배계급은 외친다. 인간에게는 두 종류의 인간이 있다.
"능력자"와 "무능력자". 그럼 누가 무능력자란 말인가? 바로 노동자 민중
이다. 노동자 민중을 '개·돼지'라고 하지 않았던가.

위대한 창조는 모두 지배자들이 한 것이고, 노동자 민중, 미천한 것들은
그저 그 혜택이나 누리면서 따라오라는 것이다. 이렇게 해서 인간들 중
에는 무능력하고 미천한 존재, 그리고 능력있는 뛰어난 존재가 등장하게
된다. 이 주장은 '뛰어난 존재가 미천한 존재를 지배하고 통치하는 것이
자연스럽다'는 주장으로 이어진다.

- 노동자는 무능력하고 미천하다.
- 역사는 위대한 왕, 영웅, 과학자들이 만들었다. 알렉산더,
  징기스칸, 세종대왕 등 위대한 왕, 을지문덕, 이순신 등 영웅들,
  뉴턴, 아인슈타인, 장영실 등 위대한 사람들이 만들었다.

· 노동자 민중이야말로 진정한 역사의 창조자이다. 이 세상에서 가장 힘있는
존재는 노동자 민중이다. 어떤 뛰어난 개인도 노동자 민중의 창조력을 뛰어
넘을 수 없다. 민중의 영웅도 민중 속에서 태어나고 민중에 의해 자라난 민중
자신의 일부이다.

그림에서 '저렇게'는 '노동자'를 의미한다. 무식하고 무능하고 비천한 존
재라는 뜻이다. 이렇게 말하고 있는 부모도 노동자일 가능성이 높다. 그
만큼 노동자 민중은 '무능력자'라고 세뇌되어 있다. 실제로 많은 부모들
이 아이들을 키우다 보면 '등록금', '학원비', '유학비', '결혼비용' 등으로
무능력감을 느낀다. 이것을 스스로 인정할 수밖에 없게 만든다.

과연 노동자 민중은 무능력하고 미천한 존재인가?
또 따져보아야 한다.

김부식은 <삼국사기>와 <을지문덕전>에서 고구려가 수나라 대군을 물

리친 것은 을지문덕 장군 개인의 위대함에 있다고 하였다. 을지문덕 장군이 고구려 산성방어체계를 잘 이용했고, 수나라 군대의 군량 공급선을 차단하는 청야책을 써서 승리하였다는 것이다.

고구려의 산성 중심 방어체제는 몇백 년에 걸쳐 많은 주요 요충지에 산성을 쌓아 만든 것이다. 이것은 누가 쌓았을까. 고구려 민중들, 백성들의 피와 땀으로 쌓았다.

청야책이란 이른바 모든 들판을 비워놓고 곡식들을 산성 안으로 옮기는 전술이다. 이 들판의 식량을 가꾼 것도 민중이고, 이 식량들을 성안으로 옮긴 것도 민중이다. 아마 을지문덕 장군은 성을 쌓는데 돌 하나 올린 적이 없고, 곡실 한 알도 옮긴 적이 없을 것이다.

김부식이 '을지문덕 개인의 힘'이라고 하는 것을 '영웅사관'이라고 한다. 을지문덕은 존경받을만한 장군임은 분명하지만, 역사는 뛰어난 개인들이 만든 것이라는 주장은 그야말로 신화이다.

역사는 세종대왕이 한글을 창제했다고 한다. 그러나 그 한글도 민중들이 쓰는 언어에 기반한 것이다. 창조의 원천은 민중인 것이다.

이순신 장군의 백전백승도 마찬가지이다. 거북선을 만든 것도 민중이고, 울둘목의 물길을 가장 잘 아는 것도 민중이다. 배를 젓는 것도 민중이고 목숨을 바쳐 싸운 것도 민중이다. 노동자 민중이 없이는 아무 것도 되지 않는다.

노동자 민중은 비단 인간이 쓸 물건만 만드는 것이 아니다. 사회를 만든 것도 노동자 민중이고, 사회관계, 사회제도, 국가를 만든 것도 노동자 민중이다. 세상에 없던 노동조합이라는 조직을 새로 만들고 자주적 단결권, 단체교섭권, 단체행동권을 쟁취한 것도 노동자 민중이다. 노동자 민중이야말로 역사의 창조자, 사회의 개조자이다.

노동자 민중이 사회와 역사의 창조자라니? 지배계급은 이것을 인정하지 않는다. 노동자 민중은 나약하고 무능력한 존재, 미천한 존재여야 한다. 역사는 위대한 왕, 영웅, 어벤저스들이 창조한 것이고, 노동자 민중은 무능하고 비루한 존재라고 주장하게 된다.

우리는 이 주장에 대해 반박할 수 있는 아주 간단한 방법을 알고 있다. 지금 당장 전체 노동자 민중이 일손을 놓으면 된다. 어떻게 될까? 세상은 정지하고 움직이지 않는다. 만약 자본가들이 일손을 놓으면 어떻게 될까? 세상은 정지할까? 노동자 민중이 스스로 세상을 운영하면 된다. 자본가가 없어도 세상은 돌아가지만 노동자 민중이 존재하지 않으면 세상은 돌아가지 않는다. 누가 세상의 창조자, 사회와 역사의 창조자인지는 너무도 분명하다.

노동자 민중은 무궁무진한 창조력을 가진 힘있는 존재이다. 노동자 민중의 창조력에는 한계가 없다. 다만 착취사회에서 그 잠재력을 충분히 발휘하지 못하고 있다. 착취사회에서 노동자 민중의 창조력은 지배계급의 배를 불리는 선에서만 허용된다. 그러니까 노동자 민중의 창조력은 오히려 더 마비된다. 노동자 민중들이 강력한 투쟁 속에서 발휘하는 지혜와 창조력을 보면 그 힘이 얼마나 위대한지 우리는 금방 깨닫는다. 갑오농민전쟁, 4.19혁명, 6월항쟁, 87년 노동자대투쟁과 96·97년 총파업, 촛불혁명 등의 모든 과정에서 발휘된 노동자 민중의 저력은 얼마나 역동적인지, 그 창조력을 입증하고도 남음이 있다.

4. 개인주의와 공동체주의

역사가 발전할수록 노동자 민중이 자주적이고 창조적인 존재라는 것은 부인하기 힘들다. 오히려 이를 더 입증해 줄 뿐이다. 그렇다면 지배계급은 어떻게 해야 할까? 노동자 민중을 갈가리 찢어놓아야 한다. 그것이 개인주의 철학이다. 개인주의, 이기주의 철학은 지배계급의 철학이다.

· 인생은 혼자 왔다가 혼자 가는 외로운 고행길이다. 타인은 지옥이다.

· 인간세상이나 정글이나 다를 바 없다. 치열한 생존경쟁만이 있을 뿐이다.
오직 남을 이겨야만 내가 산다. 이기는 놈이 혼자 다 먹는 것이
뭐가 문제야. 원래 인간세상은 승자독식사회야. 억울하면 출세해!

· 인간은 곧 사회야. 인간은 처음부터 인간집단을 이루고 살았기
때문에 위대해진거야. 개인으로서는 아무 것도 할 수 없어.
공동체로 집단으로 살아야 한다고.

· 늑대인간을 인간이라고 할 수 있어? 겉모습은 인간이지만
인간답다고 할 수 없잖아.

·원래 인류는 평등한 사회에서 시작되었어. 인간관계는 단결과 협조가 기본이잖아. 경쟁과 갈등이 기본이 아니라구.

나만 아니면 돼

유명한 예능 프로그램에서 "나만 아니면 돼"라는 멘트가 유행한 적이 있었다. 예능이야 재미로 보는 것이지만, 현실에서 "나만 아니면 돼"는 개인주의의 표현이다. 이 "나만 아니면 돼"는 심각한 문제를 야기한다.

사자가 얼룩말을 사냥하는 경우를 보자. 약 30여 마리의 얼룩말 무리가 있다고 치자. 달려오는 사자에게 얼룩말이 잡혀먹히지 않을 방법은 무엇일까? 사자보다 빨리 뛰는 것이 아니다. 그것은 자연법칙상 불가능하다. 결국 동료 얼룩말보다 조금 빨리 뛰면 된다. 한 얼룩말 달리기 실력이 27번이라고 치자. 오늘은 30번이 잡혀 먹히니 살아남을 것이다. 그러나 다음날, 그 다음날 27번 얼룩말은 잡혀 먹히고 만다.

파업 중에 견디지 못하고 "나만 아니면 돼"하고 이탈하는 조합원이 있다고 치자. 그럼 그 조합원은 살아 남을까? 결국 한명 한명씩 다 죽게된다.

이것이 "나만 아니면 돼", '개인주의'의 위험성이다. 얼룩말들은 도망가지 않고 모두 뭉쳐서 뒷다리로 사자를 걷어차면 살아날 수 있다는 것을 알지 못한다.

그러나 인간은 가능하다. 인간은 약자들이 뭉쳐서 강자들을 물리친 무수한 사례가 있고, 그렇게 역사를 만들어 왔다. 노동자 민중은 오직 '단결'함으로써만 승리할 수 있다. 지배자들은 이것이 두렵다. 그래서 "나만 아니면 돼"라는 개인주의 사상을 퍼뜨리고 각개격파 시킨다.

정글론

노동자 민중은 굳게 단결하여 지배자와 싸운다. 이제는 '정글론'이 등장한다. '어차피 인간세상은 약육강식의 세계'라는 것이다. '인간세상이나 동물세상이나 다를 게 없다'는 이야기이다. 인간이나 동물이나 힘센 놈이 약한 놈을 먹어치우고 지배하는 것이 당연하다는 것이다. 잡아먹지 않으면 잡아먹히는 것이 인간세상이라고 한다. 능력있는 자가 능력없는 자를 지배하는 것은 당연하다는 논리이다. 따라서 인간은 이 치열한 생존경쟁의 세상에서 살아남기 위해 개인주의적이고 이기적으로 살아가는 것이 현명하다고 가르친다.

이 주장을 반박하기는 매우 힘들다. 대다수 사람들은 이 주장에 동의한다. 치열한 생존경쟁의 사회에서 살아남기 위해 잡초처럼 살아왔고, 배신당하고 상처받고 상처를 준 뚜렷한 기억들이 많기 때문이다. 과연 인간은 개인주의적이고 이기적인 존재일까?

'부산행'이라는 영화가 있다. 모든 재난영화에는 언제나 좋은 놈, 나쁜 놈, 어중간한 놈이 나온다.

남을 위해 희생하는 사람(마동석)은 좋은 사람이다. 남이야 어찌 되든 자기만 살겠다는 사람(김의성)은 나쁜 놈이다. 그런데 어중간한 놈(공유)이 나온다. 원래는 남을 위해 살 생각이 없고, 오직 자기만을 위해 살고자 한다. 그런데 상황이 그렇게 되지 않는다. 우왕좌왕하다가 결국 남을 위해 자신을 희생하는 길을 택한다. 대다수의 사람들은 어중간한 사람들이다.

노동조합이나 각종 조직에도 이런 사람들이 많다. '대의원에 이름만 올려놔라', '사람이 없으니 조직부장 잠깐만 해 달라' 이렇게 시작한 노조활동을 나중에는 미친 듯이 하고 있다. '아, 내가 원래 이러려고 한 게 아닌데, 지금 뭐하고 있지?' 이런 식이다. 오늘 친구랑 술 먹으러 가기로 했는데, 어느 순간에 노동조합 피켓을 들고 서 있다. 왜 이렇게 사는 걸까? 인간이 원래 그렇기 때문이다. 인간은 자기보다는 남을 위해서, 개인보다는 전체를 위해서 무언가를 해냈을 때, 인생의 보람과 긍지를 느끼고 행복감이 높아진다. 자존감이 높아지는 것이다. 이것이 인간이다.

이것을 입증해주는 사례가 있다.

어느 서양학자가 아프리카 어린이들에게 선착순 게임을 붙였다. 나무에 과자를 매달아 놓고 먼저 가서 따먹는 게임이다. 그런데 막상 게임에 들어가니, 아이들은 다리를 절뚝이는 아이와 나란히 손잡고 동시에 과자가 있는 곳에 도달해 사이좋게 나누어 먹었다. 이 유럽인 학자는 이 경기를 놓고 '그렇게 하는게 아니다' 라고 설명해 주었다. 먼저 도착한 사람이 과자를 혼자 다 먹을 수 있는 게임이라고 설명해 주었다. 그러나 아무리 설명을 해도 아이들은 이해하지 못했다. "왜 그렇게 해야 하느냐"는 것이었다. 이 유럽학자가 계속 설명을 하자, 아이들은 외쳤다. "우분투!"

우분투라는 말은 "우리가 있기에 내가 있다"는 뜻의 아프리카 반투어이다. 인간은 혼자 살 수 없고, 함께 어우러져 살아야 한다는 의미이다. 원시공동체의 전통을 가지고 있는 이 부족은 인류가 처음 인간사회를 만들었을 때 어떠한 원리로 사회를 운영했는지 잘 보여준다. 이러한 사회 속에서 작동하는 인간관계의 원리는 '단결과 협조'였다.

노동자 민중은 개인주의 사회, 이기주의를 조장하는 사회에 맞서 끊임없이 함께 잘 사는 사회를 만들기 위해 투쟁해 왔다. 그 종국점에 평등사회가 있다고 생각하며 오늘도 투쟁하고 있다. 노동자 민중의 투쟁은 필연적으로 단결이 필요하다. 서로 희생하고 헌신하고 협조하고 단결해야 한다. 더 나아가 동지애와 의리, 사랑과 믿음으로 굳게 뭉쳐야 한다. 지배계급은 이를 겁낸다. 노동자 민중이 서로 뭉치고 단결하여 투쟁하는 것이 겁난다. 서로 분열시키고 갈기갈기 찢어놔야 한다. 서로 아웅다웅 싸우게 만들어야 한다. 지배계급과 노동자 민중의 투쟁, 갑을관계의 전쟁을 을들의 전쟁으로 만들어야 한다. 그래서 인간은 원래 개인이고 이기적이라는 철학, 개인주의, 이기주의, 약육강식론을 퍼뜨리기 위해 더욱더 집요하게 매달린다.

인간은 재난을 겪을 때 가장 철학적으로 된다.

우리는 살다 보면 재난을 마주하기도 하고, 굉장히 힘든 파업투쟁을 해야 하는 경우가 생긴다. 이런 심각한 운명의 순간에 인간은 밑바닥까지 드러나는 자기 모습을 보게 된다. 그리고 새로운 선택들을 해 나간다. 이런 일은 개인적으로도 오지만 집단적으로 오는 경우도 있다.

노동조합에서도 힘들고 어려운 파업을 할 때 진짜 노동조합의 모습을 알 수 있게 된다. 노동조합의 투쟁은 치열했지만 패배하고 깨져나가는 경우도 있다. 이런 큰 좌절과 시련을 겪게 되면 잘 걸어가던 투사들도 무너지는 경우가 생긴다. 엎어져서 일어날 수 없는 경우가 있다.

생활에서도 이런 일은 가끔 생긴다. 실제로 심장에 통증이 생겨 쓰러질 때가 있는 것이다. 이렇게 쓰러져 혼자 실컷 울다가 다시 일어나 또 살아 나간다.

그런데 쓰러졌다가 다시 일어날 때 인간은 그냥 일어나는 것이 아니라 자신을 재구성하게 된다. 어떻게 자기를 재구성하는가? 정글의 세계, 약육강식의 세계에서 싸워서 이기기 위해 야수로 재구성하기도 한다. 또는 모든 인간관계를 끊고 나 홀로 살겠다면서 외로운 늑대로 자신을 재구성할 수도 있다. 아니면 더욱더 민중과 조직을 위해, 조합원들을 위해 살겠다는 이타적인 인간으로 자신을 재구성할 수도 있다.

이타적 인간과 이기적 인간은 어떻게 갈라지는가? 바로 인간이 시련 속에서 엎어졌을 때, 자신의 이야기를 들어줄 수 있는 동지가 있고, 자신을 일으켜 세울 수 있는 조직이 있으면, 이타적이고 헌신하는 인간으로 다시 태어날 수 있다. 그러나 그런 것이 취약하면 다른 식으로 될 수 있다. 기업과 회사, 자본주의는 인간을 약육강식의 야수로, 나홀로 살겠다는 외롭고 이기적인 존재로 이끈다. 인간은 쓰러졌다가 다시 일어날 때, 사랑과 믿음의 공동체 속에서만 사랑과 믿음을 실현하는 인간으로 자신을 재구성할 수 있다. 노동자 민중이 노동조합을 만들고 조직을 만들고 동지를 만드는 이유가 여기에 있다. 이렇게 살아가는 것이 인간 본연의 모습이라고 가르치는 것이 노동자 민중의 철학이다.

인간의 위대성과 존엄성은 오직 사회집단, 공동체 속에서만 나온다. 조직과 동지 속에서 나온다. 여기를 벗어나면 '인간이 되는 데는 100만 년이 걸렸지만 짐승이 되는데는 하루도 걸리지 않는다'는 식으로 쓰러지고 만다.

5. 돈중심인가 인간중심인가

· 자본주의에서는 돈이 인간을 지배하고 인간은 돈을 숭배한다.

· 돈만 있으면 무엇이든지 다 할 수 있다.

· 돈만 벌 수 있다면 지옥이라도 따라갈 테다.

· 세상이 너무 불평등하다.

· 일한 만큼 댓가를 달라.

· 일하지 않는 자는 먹지도 마라.

인간이 동물에 가까운가 사회에 가까운가, 인간에겐 개인주의가 본성인가 공동체가 본성인가를 놓고 다툴 때는 그래도 인간을 이야기하는 것이다. 그러나 자본주의가 되면 이마저도 유지하기 힘들다. 황금만능주의, 물질숭배사상이 판을 치기 때문이다. 자본주의에서는 돈이 인간 자체를 말살시키고, 황폐화시켜 버린다. 돈이 최고의 가치이다. 돈을 벌 수 있다면 무슨 짓이든 한다. 돈만 벌 수 있다면 지옥이라도 갈 수 있다는 것이 자본주의이다. 가진 자들은 여성들을 농락하고 '얼마면 돼'하는 식으로 나온다. 보험금을 타내기 위해 부모와 배우자를 죽이는 세상이다.

노동자 민중들도 '돈! 돈!' 한다. 먹고 살기가 힘들기 때문이다. 돈을 충분히 주면 그런 생각은 안할 것이다. 그러나 자본주의는 노동자 민중에게 절대로 충분하게 주지 않는다. 노동자 민중이 돈의 노예가 되어야 하기 때문이다. 누구는 돈이 넘쳐서 돈의 노예가 되고, 누구는 돈이 너무 적어 돈의 노예가 된다. 그래서 노동자 민중은 불평등에 맞서서 투쟁할 수밖에 없다. 인간이 되기 위해서는 평등해지지 않고서는 다른 길이 없기 때문이다.

자본주의가 등장하면서 어떻게 인간이 말살되어 가는가를 보여주는 두 가지 장면이 있다.

영국 산업혁명기 어린이 굴뚝청소부
출처 : 인터넷 캡처

첫째는 자본주의 등장 초기의 모습이다.

굴뚝을 청소하는 5살 아이들 이야기를 아는가.

1800년대 산업혁명기에 영국에서 석탄을 때기 시작했다. 석탄을 때려면 굴뚝이 좁아야 했고, 청소를 자주 해주어야 했다. 좁은 굴뚝으로 어린 아이들이 들어갔다. 보통 3-6살 사이였다. 그런데 청소하는 사이 불을 지펴 아이들이 죽기도 하였다. 암에 걸리는 경우도 많았다. 심각한 사회문제가 되었다. 그래서 나이 상한을 정했단다. 8살로. 자본의 황금은 이렇게 쌓아온 것이다. 노동자는 자본의 노예이지, 인간이 아니었다.

둘째는 현대자본주의의 모습이다.

사물인터넷, 클라우드 컴퓨팅, 가상현실, 로봇, 인공지능, 드론, 자율주행 등 4차산업혁명과 관련된 급속한 변화가 일어나고 있다. 그런데 이같은 자본주의적 과학기술문명의 발전은 노동자 민중에게 행복을 가져다 주는 것이 아니라 재앙을 가져다 주고 있다.

한국고용정보원은 '기술변화에 따른 일자리 영향 연구' 보고서에서 '2025년까지 전체 취업자 2,560만 명 중 70%인 1,800만 명이 인공지능과 로봇의 기술적 대체 가능성'이 있다고 보고함으로써 고용위협을 경고했다.

매킨지 연구소는 2030년까지 전 세계 일자리의 1/5에 달하는 8억 개의 일자리가 사라진다는 보고서를 발표했다. 특히 한국은 로봇밀집도가 높은 나라로 유명하다. 한국은 제조업 종사자 1,000명당 로봇 운용 대수를 나타내는 로봇밀집도가 2018년 기준 77.4대로 싱가포르에 이어 세계 2위를 기록했다. 글로벌 평균 로봇밀집도는 9.9대다.

독일의 경우 인간을 로봇으로 대체하는 것이 아니라 인간과 로봇이 협업하는 '아르바이트 4.0'을 노동조합이 중심이 되어 추진하고 있다. 반면 보스턴컨설팅 그룹에 따르면 한국은 2025년에 제조업 노동력의 40%를 로봇으로 대체하고, 로봇으로 인해 향후 10년간 인건비를 33% 감축할 것이라고 한다.

4차산업혁명으로 전기차로 전환이 일면 2030년에 내연기관 자동차는 완전히 사라진다. 2030년까지 자율주행 전기차가 전체 자동차 판매대수의 60%를 점유할 것이라는 전망이 있다. 이렇게 되면 자동차 산업 노동자 중 60%가 필요없게 된다.

이런 4차산업혁명의 물결은 물류산업쪽으로 확산되고 있다. 분류작업을 로봇이 대체하고, 배달은 자율주행차와 드론, 배달로봇이 대체한다. 가뜩이나 과로사와 낮은 수수료에 고통받고 있는 특수고용노동자, 플랫폼 노동자들은 더욱 확대된다. 뉴욕타임즈는 기업이 직접 특수고용노동자를 고용할 경우 인건비가 최소 20~30% 올라갈 것이라고 추정했다.

자본주의적 황금만능사회에서 4차산업혁명은 노동자에게 행복이 아니라 '재앙'이다. 돈이 중요한 사회에서 인간은 일자리조차 지킬 수 없게 된다. 이런 사회는 정상적인 사회가 아니다. 정상적이지 않은 정도가 아니라 미친 사회이다. 노동자 민중이 앞장서서 '인간'을 외치지 않으면, 이제는 상대적 실업에서 절대적 실업상태로 내몰리는 대재앙의 시대를 맞이하게 될 것이다. 노동자 민중은 돈이 인간을 잡아먹는 미친 사회에서 인간성을 회복하는 사회로 가는 처절한 투쟁을 눈앞에 두고 있다.

6. 주인답게 살아가자

지금까지 노동자 민중은 '자기 운명의 주인인가, 노예인가', '능력자인가, 무능력자인가', '개인이기주의를 택할 것인가, 공동체와 단결을 택할 것인가', '돈중심 사회를 지향할 것인가, 인간중심 사회를 지향할 것인가' 하는 주제에 대해서 살펴보았다.

노동자 민중이 어떤 눈으로 세상을 바라보아야 하는지 심각하게 느껴지는 주제들이다. 이러한 문제들을 정리해서 자기입장을 정해가는 과정이 세계관을 정립하는 과정이고, 철학을 하는 과정이다.

인간은 세상의 주인, 자기 운명의 주인으로서 자주적인 존재이다. 인간은 무에서 유를 창조하는 위대한 창조자이다. 이것은 개인으로서의 인간이 아니라 사회적 존재, 공동체로서의 인간이기 때문에 주어진 것이다. 이런 인간이 돈의 노예로 살아갈 수는 없다. 노동자 민중은 바로 이 인간성 상실의 시대, 불평등의 사회를 바꾸고 개조하는 유일한 집단이다. 이것이 노동자 민중의 철학이다.

세상은 변화발전한다

그런데 노동자 민중이 주인으로, 창조자로, 공동체로, 인간을 존중하며 살아가는 사회는 가능한가? 가능하다. 세상은 변화발전하기 때문이다. 민중이 노예로 살던 시대가 있었다. 이때는 노예는 노예주의 소유물이었다. 생사여탈권이 노예주에게 달려있었고, 노예를 사고 팔았다. 노예는 반란을 일으켰다.

왕과 양반이 다스리는 시대에서는 농민은 노예처럼 지배계급의 사유물은 아니었다. 그러나 신분적으로 예속되어 있었다. 때문에 왕과 귀족을 위하여 일해야 했고, 농사 지은 절반 이상을 그들에게 바쳐야 했다. 그래서 농민 역시 농민반란을 일으켰다.

자본주의에 와서 노동자는 자본가에게 신분적으로 예속되어 있지는 않다. 일을 하고 싶으면 하고, 직장에 나가기 싫으면 안 나가도 된다. 그런 자유는 있다. 그러나 안 나갈 수가 없다. 노동자는 임금노예가 되었다.

그러나 역사는 노동자 민중이 주인으로서의 지위와 역할이 높아져 가는 방향으로 발전해 왔다. 역사는 정방향으로 발전한다. 때로는 후퇴하기도 하지만 궁극적으로 노동자 민중이 주인이 되는 방향으로, 노동자 민중의 창조력이 높아지는 방향으로 발전해 왔다는 사실. 이것을 굳게 믿어야 한다.

이것을 믿지 못하면 어이없는 일이 생긴다.

영화 '암살'에서 독립운동을 하다가 친일파로 전향한 사람(이정재)이 나온다. '왜 동지들을 배신하고 팔았는가?', 주인공(전지현)이 묻자 이정재는 '일제가 그렇게 망할 줄 몰랐으니까.'라고 답한다. 그렇다. 배신하고 변절하는 자는 역사의 발전을 믿지 않았다.

주인답게 살아가자

인간행동에 결정적인 영향을 주는 것은 무엇일까? 인간 자신이다. 조건과 인간 중에 무엇이 더 결정적일까? 역시 인간이다. 동일한 조건 속에서도 그 환경에 어떻게 대처할 것인가를 결정하는 것은 인간이다. 노동자 민중들이 억압과 착취라는 비슷한 조건 속에 있으면서도 투쟁하는 노동자와 투쟁하지 않는 노동자로 차이가 생기는 이유는 이것이다. 인간 행동에는 환경도 영향을 주지만 인간 자신이 더 결정적이다.

철학은 인간의 것이다. 노동자 민중의 것이다. 위대한 철학을 가진 사람은 사람도 위대해진다. 노동자 민중이 위대한 사상으로 무장하면 위대한 노동자 민중이 된다. 그러나 지배자의 사상, 지배자의 철학에 물들어 있으면 지배자의 노예로 살게 된다.

노동자 민중의 철학은 노동자 민중이 세상의 주인으로, 자기 운명의 주인으로 살자는 철학이다. 역사의 창조자로, 사회의 개조자로 살자는 철학이다. 인간은 '생각이 바뀌면 행동이 바뀌고, 행동이 바뀌면 습관이 바뀌고, 습관이 바뀌면 운명이 달라진다'는 말이 있다.

노동조합을 하다가 힘들 때가 있다. 흔들릴 때가 있다. 그럴 때 어렸을 때부터 내면화한 지배자의 철학과 노동자 민중의 철학이 서로 자기 내부에서 심각한 투쟁을 벌인다. 이것도 투쟁이다. 그럴 때 한 번 서서 생각하자. '인간이란 무엇인가', '인간답게 산다는 것은 무엇인가.'

그리고 노동자 민중의 철학을 가지고 주인답게 자기 운명을 개척해 나가
자.

7장

나도 노조 간부
될 수 있을까

간부론

1. 간부란

우리는 어떻게 간부가 되었을까?

자신의 결심에 따라서 하는 경우도 있고, 이름만 올려달라고 해서 간부활동을 하는 경우도 있다. 조합원이 추천하거나 선출해서 간부를 하는 경우도 있다. 경위야 어찌 되었든 일단 간부가 되었으면, 기왕이면 활동을 잘하고 싶다. 이것은 인지상정이다.

어떻게 하면 간부활동을 잘 할 수 있을까?

간부란 노동조합의 기둥이자 중추

먼저 간부란 어떤 사람인가에 대해 생각해 보자.

간부란 '먼저 깨달은 사람'이다. 흔히 '선각자'라고 한다. 의식 면에서 먼저 깨달은 사람. 이런 사람을 간부라고 한다. 간부는 또 '앞장서는 사람'이다. 실천 면에서 남보다 먼저 '솔선수범'하는 사람을 간부라고 한다.

노동조합이라는 조직질서 안에서 간부는 어떤 사람일까? 어떤 지위와 역할을 하는 걸까? 간부는 조직의 '기둥'이라는 지위를 가지며, '중추'적

역할을 담당한다.

사람이 모여있는 곳이면 어디나 사회질서를 세우고 이를 지휘하는 사람이 있다. 그래야 사회가 돌아갈 수 있다. 사람은 사회 속에서 집단을 이루고 살게 되는데, 집단은 곧 조직이다. 국가조직, 직장, 학교, 노동조합, 기업, 친목회 같은 다양한 조직이 있다.

이러한 조직질서에는 수장이 있고, 간부가 있고, 조직대중들이 있다. 간부는 바로 조직의 최고지도부와 조직대중의 가운데서 '기둥' 또는 '뼈대' 역할을 한다. 인체에 비유하자면 뇌수만 있고 뼈대가 없다면 몸이 움직일 수 없는 이치와 같다. 간부는 조직의 기둥이다. 기둥이 튼튼하지 못하면 조직은 허물어지게 된다.

간부는 또 '중추기관'과 같은 역할을 한다. 인체에서 신경계의 핵심기능이 모여있는 곳을 중추라고 한다. 인체의 손과 발, 눈, 코, 입, 귀, 피부를 통해 들어온 정보를 뇌에 전달하고 다시 뇌의 판단을 손과 발, 눈, 코, 입, 귀, 피부에 전달하는 것이 중추이다. 이런 중추적 역할이 바로 간부의 역할이다. '간부는 조직의 기둥이다'라는 말은 이런 의미이다.

간부는 귀중한 존재

간부는 노동조합에서 귀중한 존재이다.

잘 되는 조직에는 언제나 훌륭한 간부들이 많이 있다. 우리 노동조합을 최강의 노동조합으로 만들고 싶으면 간부를 많이 키우면 된다.

어떤 조직이 잘 돌아가는지 아닌지를 알려면 간부사업이 어떻게 되고 있는지를 보면 안다. 이 일 저 일, 급한 일부터 앞세우고 간부양성사업은 뒷

전으로 밀리는 경우가 많기 때문이다. 따라서 간부사업을 잘하고 있으면 다른 일도 잘하고 있다고 볼 수 있다.

한때 잘 나가던 조직도 간부와 인재를 키우지 못하면 결국 미래가 없게 된다. 반대로 간부를 귀중히 여기고 간부를 키우는 조직은 미래가 밝은 조직이다.

조직이 확대 될수록 거기에 맞게 간부를 키워야 한다. 그렇지 않으면 조합원은 늘어나는데 소수의 간부가 많은 일을 감당해야 한다. 바쁜 간부의 일을 덜어주어야 한다면, 그 역시 간부를 키우는 데서 해답을 찾아야 한다.

간부의 자질이란

간부 역할을 잘하려면 간부의 자질을 키워야 한다.

모두 다 훌륭한 간부가 되기 위하여 노력하는 만큼 간부에게 어떠한 자질이 필요한지를 정확히 알고 노력하면 더 빨리 훌륭한 간부가 될 수 있다.

간부에게는 어떤 자질이 필요할까?

'사상', '실력', '품성'. 이 3가지를 갖추기 위해 노력해야 한다. 흔히 노동조합 간부의 자질을 이야기하면, 실력을 어떻게 키울 것인가에 대해 많이 이야기하는데, 실력도 당연히 중요하다. 그러나 가장 중요한 것은 노동자의 '사상'과 '입장'을 갖는 것이다. 노동조합 간부는 자본가의 사상이 아니라 노동자의 사상을 가져야 한다.

이 세상에는 많은 조직이 있고, 그 조직을 이끄는 간부들이 있다. 여기에는 외세와 자본가 등 지배계급에 복무하며 노동자 민중을 억압하고 착취하는데 앞장서는 간부들도 있다. 우리는 그런 사람들을 간부라고 하지 않고 '앞잡이'라고 한다. 좋은 대학을 나오고 높은 실력을 갖추었지만 착취계급에 봉사하는 많은 사람이 있다.

노동조합 간부들은 노동자 민중에 대한 억압과 착취에 반대하고, 불의에 저항하며 투쟁에 앞장서고 이끌어가는 간부들이다. 때문에 노동자의 사상, 노동자의 눈으로 세상을 보는 것이 가장 중요하다.

노동조합 간부는 실력도 좋아야 한다. 탐욕에 가득 차고 탄압과 술수를 일삼는 자본가와 싸워서 승리하려면 그만큼 노동조합 간부들이 실력이 있어야 한다.

그리고 간부들은 인품이 좋아야 한다. 아무리 사상이 투철하고, 실력이 좋아도 사람이 거칠면 대중들이 가까이하려고 하지 않는다. 이렇게 노동조합 간부는 사상과 실력, 품성을 키우기 위해 노력해야 한다.

이외에도 노동조합 간부론에는 여러 가지가 있다. '어떤 사업체계와 사업방법, 사업작품으로 사업해야 하는가' 하는 것도 있고, 회의, 학습, 총화, 계획, 점검, 분공, 집행 등 정치실무론도 있다. 나아가 정책과 법률, 교육, 선전선동, 조직활동, 투쟁의 전략전술 등 다양한 전문적 실무도 닦아야 한다.

이런 것들을 종합해 노동조합 간부론이라고 한다. 이는 모두 노동조합 리더십 교육과정에 포함되어 있다. 차근차근 배워나가야 한다. 기업, 공공기관 등에서 다양한 리더십 교육을 하고, 서점과 인터넷에도 무수한 리더십 이론이 있다. 그러나 이런 리더십 교육은 대체로 개인의 출세를 위하거나, 노동자 민중을 어떻게 착취억압하고, 통제관리할 것인가에 대한 이론들이지 노동자 민중의 운명 개척에 관한 것이 아니다. 때문에 우리는 노동자 민중의 리더십 이론으로 더욱 튼튼히 무장해가야 한다. 여기서는 우선 노동자의 사상, 실력, 품성에 대한 기본적인 문제를 살펴보겠다.

2. 올바른 대중관을 세우자

조합원이 주인이라는 사상

간부활동의 출발점은 올바른 대중관을 갖는 것이다. 올바른 대중관이란
'조합원이 노동조합의 주인'이라는 인식을 신념으로 간직한다는 것이다.
한 발 더 나가면 '노동자 민중이 사회와 역사의 주인'이라는 인식을 확고
부동하게 간직하는 것이다. 간부가 대중관이 튼튼하지 못하면 아무리 활
동을 열심히 해도 조합원을 노동조합의 주인으로, 노동자 민중들을 사회
와 역사의 주인으로 세울 수 없다. 간부활동을 시작할 때 조합원을 노동
조합의 주인으로 세우는 것에서 시작해야 한다. 끝날 때는 조합원을 노
동조합의 주인으로 얼마나 세웠는가 하는 것으로 평가된다. 그만큼 대중
관이 중요하다.

조합원이 노동조합의 주인, 노동자가 사회와 역사의 주인이라는 사상은
지당하지만, 현실에서는 많은 난관에 부딪히게 된다.

조합원들이 전혀 노동조합의 주인 같지 않기 때문이다. 조합원들은 '집
행부를 뽑아 놨으니 알아서 하라'는 인식이 높다. 대의원들이 알아서 하

라고 한다. 조합비를 냈으니 나머지는 노조가 알아서 하라는 식이다. 노동조합이 민원상담소나 보험회사가 아닌데 그렇게 생각한 경우가 왕왕 있다.

또 조합원은 이기적일 때가 있다. 노동조합 활동에 도움은 주지 않고 자기 이익만 생각하기도 한다. 간혹 간부들에게 뒷담화를 하기도 한다. 자기를 희생해서 열심히 활동하는 간부들은 상처받고 힘이 빠진다. 간부들이 가장 힘들어할 때가 뒷담화를 들을 때이고, 가장 기쁠 때는 '수고했다'는 칭찬을 받을 때이다.

이 문제를 어떻게 보아야 할까?

어떻게 해서 조합원이 노동조합의 주인이 되고, 노동자 민중이 사회와 역사의 주인으로 될 수 있다는 것일까? 3가지 측면에서 생각해 보겠다.

첫째로 노동자 민중, 조합원 대중은 역사의 주역이다. 우리가 잊지 말아야 할 것은 바로, 이 이기적이고 개인주의적인 조합원이 결국은 파업투쟁에서 대형사고를 치는 사람들이라는 것이다. 우리 역사에서 위대한 투쟁이었던 3.1만세운동, 원산총파업, 4.19혁명, 광주항쟁, 6월항쟁, 87년 7·8·9노동자 대투쟁, 96·97년 민주노총 총파업, 촛불항쟁. 이 모든 투쟁은 바로 평소에는 이기적이고 자기 밖에 모르던 노동자 민중들이 들고일어나 역사를 바꾼 것이다.

개별적인 노동자 민중은 아무 힘이 없다. 그러나 각성되고 조직화된 집단으로서의 노동자 민중은 세상을 뒤집어엎고 세상을 바꾼다. 민중의 집단지성은 얼마나 현명한지 우리는 선거에서 늘 확인해 왔다. 이래서 노동자 민중을 사회와 역사의 주인이라고 하는 것이다. 우리가 조합원, 노동자 민중을 조합의 주인, 사회와 역사의 주인이라고 말할 때는 단순히 개별적인 대중을 이야기하는 것이 아니라 각성되고 조직화된 집단으로서의 조합원, 노동자 민중을 말하는 것이다.

조합원을 믿어야 한다. 비록 개별적인 노동자 민중, 조합원들은 약하고 개인주의적이고 이기적으로 보일 수 있지만 의식화되고 조직화되면 위대한 힘을 발휘한다는 것. 이것을 굳게 믿는 것. 이것을 '대중관'이라고 한다.

이것이 분명하지 못하면 나중에는 조합원이 노동조합의 주인이 되는 것이 아니라 간부가 주인이 되고 만다. 조합원은 방치되고 그 결과 수동적 입장이 더욱 심화되고 만다.

간부는 무엇보다 바로 이 대중관, '노동자 민중이 의식화되고 조직화되면 강력한 집단을 이루고 진정한 사회와 역사의 주인, 노동조합 주인으로 나선다'는 대중관으로 튼튼히 무장해야 한다. 간부 활동이란 처음부터 끝까지 바로 대중에 대한 믿음을 가지고 꾸준하고 완강하게 조합원들, 노동자 민중을 각성시키고 조직하여 주인으로서 역할을 다 하게 하는 것이다.

둘째로 노동자 민중, 조합원은 투쟁의 주역이다.

노동자 민중은 투쟁을 통해 사회와 역사의 주인으로 발전해왔다. 노동자 민중이 사회와 역사의 주인으로 되는 과정은 하루아침에 이루어지는 것도 아니고, 저절로 이루어지는 것도 아니다.

노동조합을 만든 후 단체교섭을 제기하거나 단체행동을 했을 때 사용자나 관리자가 가장 힘들어하는 것은 노동조합을 회사와 대등한 위치에서

대하는 것이다. 미천한 노동자들이 당당하게 대등하게 협상하자고 하니 미칠 노릇이다. 때문에 자본은 노동조합을 인정하지 않고 격렬하게 탄압한다. 이것은 노동자가 주인이 되는 과정에 반드시 투쟁을 동반한다는 것을 의미한다.

실제로 자본이 주인인 자본주의 사회에서 노동자는 사회의 주인이 아니다. 이윤창출의 수단일 뿐이다. 역사 속에서도 노예주나 왕과 귀족, 자본가가 역사의 주인이었다. 노예, 농민, 노동자는 미천하고 멸시받는 존재였다. 그러나 역사는 점점 전진해왔다.

노예는 노예주의 소유였다. 반면 농민은 신분적인 족쇄에 묶여 있었지만 양반의 소유물은 아니었다. 노동자는 경제적으로 임금노예 상태이긴 하지만 자본가의 소유물도 아니고 신분적 족쇄에 묶여 있지도 않다. 그러나 이 임금노예의 족쇄를 벗고 노동자가 권력의 주인, 생산의 주인인 사회를 건설하기 위해 투쟁하고 있다.

장구한 역사 속에서 민중은 점점 더 사회와 역사의 주인으로 성장해 왔다. 시냇물이 강이 되고 결국 바다로 가듯이 중간중간 우여곡절과 시련은 있어도 이 전진의 수레바퀴를 멈출 수는 없다.

노동자 민중이 주인이 되는 과정은 저절로 이루어지지 않는다. 지배계급과의 심각한 투쟁을 동반한다. 노동자가 세상의 주인이라는 것을 입증하는 방법은 아주 간단하다. 당장 모든 일을 그만두고 파업을 하면 된다. 그러면 세상은 정지한다. 자본가가 없어도 세상은 돌아가지만, 노동자 민중이 없으면 세상은 돌아가지 않는다. 그러나 착취사회에서는 거꾸로 자본가가 주인 행세를 하고 노동자는 노예가 되고 있다. 그래서 주인이 되기 위해 투쟁하는 것이다.

노동자 민중은 투쟁을 통해 역사와 사회의 주인이 되고, 조합원들은 투쟁을 통해 노동조합의 주인이 된다. 투쟁은 간부 혼자 할 수 있는 것이 아니다. 투쟁의 주역은 어디까지나 조합원이다. 역사와 투쟁의 주역은 노동자 민중이다. 따라서 간부들은 바로 '노동자 민중', '조합원'이 투쟁의 주역이라는 관점에 서야 한다. 간부는 노동자 민중의 역사적 전진을 굳게 믿고, 조합원 대중의 투쟁의 힘으로 문제를 해결해 나가야 한다.

셋째로 모든 문제의 궁극적 해결사는 결국 조합원, 노동자 민중이다.
간부들은 "조합원을 믿고 조합원의 힘으로 모든 문제를 풀어나가겠다"는 입장을 가져야 한다.
일부 노동조합 간부 중에는 모든 사안을 회사와 교섭을 통해서 풀려고 하는 경우가 있다. 그리고 교섭을 잘하면 의외로 문제가 잘 풀리는 경우도 많다. 그러나 다른 면도 생각해 보아야 한다. 그것이 오히려 조합원들로 하여금 노동조합을 민원창구로 생각하게 할 수 있기 때문이다. 당장 실용적으로 효과가 있다고 하여 교섭에 매달리다 보면 조합원들은 점점 더 노동조합을 민원창구, 보험회사처럼 생각하게 된다는 것. 이 점을 경계해야 한다.

다른 한편 회사와 교섭을 하는데 결국 교섭이 파탄나는 경우가 있다. 노동조합 차원에서는 매우 정당한 요구인데 회사가 이를 묵살하고 무시하는 경우가 흔하게 발생한다. 이럴 경우 문제를 풀 수 있는 방법은 무엇일까? 전체 조합원이 들고 일어나는 것 말고는 없다. 결국 노동조합 문제의 진정한 해결사는 바로 조합원인 셈이다. 이것은 전체 노동조합 차원에서 임단협 문제를 풀든, 현장에서 다양한 근로조건의 문제를 풀든 마찬가지이다. 이런 점에서 궁극의 해결사는 조합원이라고 할 수 있다.

따라서 간부들은 언제나 현장 속으로 조합원들 속으로 들어가야 한다. 과거 독립운동 시기에도 자기 민중의 힘을 믿지 못하고 남의 나라에 돌아다니며 독립을 청탁하거나 대중과 이탈하여 자기들끼리 모여서 주도권 다툼만 벌이다가 운동을 망쳐먹은 일이 있었다.

우리 노동조합 간부들은 자신이 풀기 어렵거나 풀지 못하는 문제가 있을 때 어떻게 해야 하나? 문제를 들고 조합원들 속에 들어가 의견을 모으면 반드시 문제가 풀린다. 물론 이런 활동은 하루아침에 성과를 볼 수 없다. 간부는 조합원들 속에 들어갈 때 실력도 있어야 하고, 좋은 사업 방법, 품성도 갖추어야 한다.

그러나 가장 중요한 것은 '노동조합에서 발생하는 많은 문제에 대해 조합원들 속에서 해답을 찾고자 하면 반드시 답이 나온다'는 사상을 굳건하게 갖는 것이다. 조합원을 노동조합의 주인으로 만드는 방법에는 왕도가 없다. 오로지 간부가 조합원을 믿고, 조합원들의 입장에서, 조합원들에 의거해서 활동해야 조합원들이 주인으로 나서게 된다.

'조합원의 벗', '일꾼'이라는 명예로운 호칭

자본가, 사용자, 관리자와 노동자의 관계는 갑을관계이다. 때문에 지시하고, 명령하고, 호령하고, 다그치고, 탄압한다.

노동조합 간부 중에도 자본가, 사용자, 관리자처럼 조합원들에게 지시하고, 명령하고, 호령하는 사람들이 있다. 노동자들은 대체로 사용자의 부당한 대우나 차별, 모멸감에 저항하며 노동조합 활동을 시작하는 경우가 많은데, 그것을 극복하자고 하는 노동조합에서도 호령하고 지시하고 명령하는 식으로 사업을 한다면 어떻게 될까?

물론 노동조합도 하나의 조직이고, 간부는 지휘를 해야 하기 때문에 지침을 전달하고 집행을 지시하며, 투쟁을 지휘해야 한다. 그리고 규율도 정확히 세워야 한다. 그러나 명령, 지시, 호령, 채근, 규율 일변도로 사업하는 것은 노동자 방식이 아니다.

명령, 지시, 호령, 채근하는 식으로 사업하는 것은 지배계급이 노동자 민중을 착취하고 억압하는 방법, 통제하고 관리할 때 써왔던 낡은 방법이다. 방식 자체가 억압적이다. 그런데 우리 간부 중에서 새로운 노동자적 사업관점, 사업방식을 배우지 못했기 때문에 그동안 보고 들은 대로 하는 경우가 많이 있다. 때문에 노동조합 간부들은 올바른 사업방식에 대해서 잘 습득하고 실천해야 한다.

노동조합 간부들이 조합원을 만날 때 기본사업방식은 설복하고 교양하는 것이다. 교양하고 설복하고, 그래도 안 되면 또 교양하고 설복해야 한다. 다른 방법은 없다.

그러면 이것이 꾸준하게 가능하려면 어떤 입장에 서 있어야 할까? 바로 간부들이 '조합원 벗', 조합원을 위한 '일꾼'이라는 입장에 서야 한다. 노동조합 간부는 조합원들 위에 군림하는 지배자나 조합원과 다른 특별한 존재가 아니다. 간부들은 조합원들 속에서 자라났다. 그러니 조합원들 속에서 동고동락하는 친근한 벗이 되어야 한다. 조합원들은 훌륭한 간부를 "우리 누구누구"하는 식으로 부른다. 아주 친근하면서도 유능한 간부들을 부를 때 그렇다. 간부들은 '조합원의 친근한 벗', '조합원에게 복무하는 일꾼'이라는 명예로운 호칭을 듣는 것을 목적으로 해야 한다. 모든 보람과 행복을 여기에서 찾아야 한다.

이러한 길은 쉽지 않다. 간부가 이 길을 가려면 '노동자 민중을 역사와 사회의 주인으로, 하늘처럼 섬기고 살아야겠다'는 사상을 심장 속에 튼튼히 심어야 한다.

역사에는 하느님이나 성인들, 왕이나 영웅을 하늘처럼 섬기는 일은 많았어도 비천한 '노동자 민중'을 하늘로 삼은 적은 없다. 그러나 우리 노동조합의 간부들은 바로 이 억압받고 착취당하는 노동자 민중들을 사회와 역사의 주인으로 인식하고, 하늘로 섬기는 일꾼이 되어야 한다.

3. 실력을 키우자

조합원의 참된 일꾼이 되려면 마음만 앞선다고 되는 것은 아니다. 실력이 있어야 한다.

간부가 갖추어야 할 실력에는 정세 판단 능력, 기획 능력, 교육선전 능력, 조직사업 능력, 지휘 능력 등이 있다. 노동조합 부서에 정책, 기획, 교육선전, 조직쟁의 부서가 있는 것도 다 이런 일이 기본이기 때문이다. 간부들은 부서별 전문성도 있어야 하지만 모든 간부가 두루 기본적인 실력을 갖출 수 있어야 한다.

정세 판단

간부는 정세 판단을 잘해야 한다. 정세 판단을 잘못하면, 공격해야 할 때 몸을 사리고 있다가 투쟁 승리의 결정적 기회를 놓칠 수 있다. 또는 방어를 해야 할 때 공격해서 조직에 막대한 피해를 입히는 일이 발생하기도 한다.

정세 판단에서 가장 중요한 것은 주체 역량에 대한 판단을 잘하는 것이다. 조합원의 의식상태, 투쟁각오, 조직력, 투쟁경험 등에 대해서 잘 알고 있어야 한다. 그렇지 않으면 조합원들이 투쟁할 각오가 넘치는데 억누르고 있다거나, 투쟁할 준비가 안 되어 있는데 역량에 맞지 않는 무리한 투쟁을 하게 된다. 조합원의 상태, 주체역량에 대해서 잘 알려면 언제나 조합원 대중 속에 들어가 있어야 한다. 그래야 조합원이 요구하는 것이 무엇인지, 조합원의 요구를 실현하려는 조합원의 의지와 각오가 어느 정도인지 정확하게 판단할 수가 있다.

준비가 안 되어 있는데 싸울 수밖에 없는 경우에는 어떻게 하냐고 물을 때가 있다. 그런 경우는 많다. 우리 노동자들은 준비가 되었을 때만 싸우는 것은 아니다. 우리가 싸우고자 할 때만 싸울 수 있는 것은 아니다. 왜냐하면, 정권과 자본의 도발은 수시로 일어나기 때문이다.

그래서 정세판단에서 또 하나 중요한 것이 상대방을 잘 아는 것이다. '지피지기면 백전백승'이라는 말이 있듯이 상대를 잘 알아야 한다. 최근 자본은 집요하고 교활한 방법으로 노동조합을 분열시키고 탄압한다. 민주노총만 아니면 뭐든지 해주겠다고 회유하거나, 산업전환을 핑계로 구조조정을 밀어붙이며 노동조합을 위축시킨다.

비정규직을 정규직으로 전환하려고 하면 취업준비생들이 반대한다고 하고, 최저임금을 올리면 자영업자가 문제가 된다는 식으로 노동자 민중을 분열시킨다. 따라서 상대의 의도에 대해 언제나 경각심을 가지고 대책을 세워야 한다. 전체 정치정세나 국제정세도 알고 있어야 한다. 일상적인 임단투를 준비하고 있는데, 물가 폭등이 생기거나 IMF와 같은 경제위기가 오는 것을 모르고 있으면 대처를 못 하게 된다.

국회에서 노동자 민중과 관련해 어떤 법이 통과되고 있는지, 정부에서 노동부, 경찰과 검찰이 어떻게 다르게 움직일 것인지 등등을 알고 있어야 한다. 이런 정세를 판단하려면 조사하고, 학습하고, 연구하고 토론하는 것을 일상적으로 해야 한다.

그러나 뭐니 뭐니 해도 정세 판단에서 가장 중요한 것은 주체의 힘을 기본에 두고 다른 정세들을 바라보는 것이다. 아무리 좋은 정세가 오더라도 주체가 준비되어 있지 않으면 좋은 정세를 기회로 만들 수 없고, 아무리 최악의 정세가 오더라도 준비가 잘 되어 있으면 능히 승리할 수 있기 때문이다.

기획

정세를 판단했으면, 작전을 짜야 한다. 작전을 짜는 것을 기획이라고 한다. '사업을 기획한다'는 의미다. 사업기획을 할 때는 사업의 선후차와 경중, 완급을 잘 정해야 한다. 먼저 해야 할 사업과 나중에 해야 할 사업, 가장 중요한 사업과 덜 중요한 사업, 빨리해야 할 사업과 좀 천천히 해도 되는 사업을 따져서 정해야 한다. 왜냐하면 역량과 자원이 제한된 노동조합이 모든 일을 한꺼번에 똑같이 할 수 없기 때문이다. 노동조합이 해야 할 사업에는 산업과 회사의 동향에 대해 연구하는 사업, 간부양성사업, 조합원 교육사업, 홍보선전사업, 조직확대, 조직강화사업, 임단투사업, 연대투쟁, 정치사업, 통일사업 등 많은 사업이 있다. 한꺼번에 다 잘할 수 없다.

가장 먼저 해야 할 사업, 가장 중요한 사업, 가장 빨리 해야 할 사업을 먼저 정하고 이 문제가 풀리면 다른 문제들을 연속적으로 풀어가야 한다. 이런 걸 결정하는 게 '기획사업'이다.

여기에는 간부들의 다양한 의견들이 있을 수 있다. 그러나 가장 중요한 것은 역시 조합원의 의사이다. 그런데 조합원들이 '이것도 중요하다, 저 것도 중요하다'고 할 수 있다. 때문에 간부들이 조합원들의 의견을 종합적으로 청취한 데 기초해서, 사업을 풀어가야 한다. 하나의 사업이 풀리면 다른 사업도 연결되어서 풀리는 사업이 있기 때문에 심사숙고해서 결정해야 한다. 그리고 여기에 힘을 집중해서 풀어내야 한다. 이것을 두고 사업의 중심고리, 중점사업을 결정한다고 말한다.

여기서 필요한 것은 전략적 선택이다. 전략적 선택이란 어느 것을 포기하고 어느 것을 집중할 것인가를 정하는 것이다. 예를 들어 교육선전사업을 하나 놓고서도 간부교육에 중점을 둘 것인지, 전 조합원 의무교육을 힘차게 밀고 나갈 것인지, 조합원용 소식지를 낼 것인지, 유튜브를 만들 것인지 등을 먼저 정해야 한다. 이런 것을 정해놓지 않고 이것저것 들었다놨다 사업을 하면 주먹구구식 사업이 된다. 결국 몸은 피곤한데 되는 일이 없는 상황이 벌어진다.

교육선전선동

많은 간부가 호소하는 것 중 하나가 '말을 잘 못한다', '글을 잘 못 쓴다', '사람들 앞에 서면 울렁증이 생긴다'와 같은 것이다. 간부의 '실력을 키워야 한다'고 하면 교육 능력, 선전선동 능력을 키워야한다는 말과 같은 뜻으로 사용되는 경우가 많다. 맞는 말이다. 노동조합에서 가장 중요한 사업이 조합원들을 교육하고 조합의 방침을 해설 선전하며, 투쟁으로 일떠

나서자고 분위기를 고양하는 선동사업이다.

그 시작은 말이자 글이다. 때문에 어느 간부할 것 없이 말과 글을 통하여 조합원들에게 해설을 잘하고 선동을 잘해야 한다.

말을 잘하고 글을 잘 쓰려면 아는 것이 있어야 한다. 조합원들보다 아는 것이 많아야 교육도 하고 해설도 한다. 조합원들도 다 아는 이야기를 반복한다면 조합원들이 교육받고자 하거나 발언을 경청할리 없다. 그래서 간부들은 조합원들 보다 공부를 더 많이 해야 한다.

그리고 교육선전선동을 잘하려면 많이 해보는 것만큼 좋은 방법은 없다. 하다 보면 실력이 는다. 그러나 되는대로 하지 말고 준비해서 훈련하듯이 해야 한다. 말을 할 때 그냥 하지 말고 글로 정리해서 말을 하기 시작하면 어느 순간에는 글로 적지 않고서도 말을 잘 할 수 있다. 글도 선전홍보 담당에게만 맡기지 말고 어느 부서에 있든 글로 써서 조합원에게 발표하다 보면 더 잘 쓰게 된다. 필요하면 상급단체에서 하는 강사양성학교, 선전선동학교에 가서 체계적으로 배우면 된다.

최근 교육선전선동 사업에서 나타나는 그릇된 경향은 자체에서 잘해볼 생각을 하지 않고 전부 외부에 맡기려고 한다는 점이다. 교육도 외부 강사, 선전도 외부 업체, 동영상도 외부 업체에 맡긴다. 물론 교육선전선동 사업이 일정한 전문성을 요구하기 때문에 외부 전문역량을 활용하는 것은 필요하다. 그러나 어느 시점에서는 반드시 자체로 한다는 계획이 있어야 한다.

그런데 노동조합에서는 오히려 거꾸로 하는 경향이 있다. 처음에는 모두 자체로 할 수밖에 없기 때문에 자체로 하다가도 일정 정도 조직과 재정이 안정되면 자체로 하기보다는 외부에 맡기는 손 쉬운 방법을 쓰려고 한다. 이것은 노동조합을 망하게 하는 길이다. 외부에 맡기려고 해도 뭘 맡길 것인지를 잘 아는 자체 역량이 있어야 한다. 무턱대고 '알아서 해 주세요' 하는 식으로 되면 곤란하다.

간부들이 교육선전선동을 잘하는 것은 매우 중요하다. 조합원들과 소통하는 유일한 방법이기 때문이다. 회의를 아무리 많이 해도 교육선전선동 사업이 사전에 배치되지 않으면 회의를 길게 해도 효과가 없는 경우가 많다. 아무리 회의에서 결정이 나도 집행이 어려운 경우가 많이 생긴다. 교육선전선동 사업으로 밑받침하지 못하기 때문이다. 그래서 노동조합에서는 교육선전선동 사업을 일상 사업에서 가장 중요한 사업으로 놓고 간부들이 그 실력을 높이기 위해 노력해야 한다.

조직사업

조직사업은 조직 확대사업과 조직 강화사업으로 나뉜다.

조직을 확대한다는 것은 동지를 획득하는 사업이다. 동지를 획득하려면 뜻을 같이해야 한다. 노동조합이라는 대의를 앞세워 동지를 획득해야지, 무언가 실리만을 앞세우면 안 된다. 노동자들은 처음에는 부당한 것과 싸워야겠다는 마음으로 노동조합을 찾거나 건설한다. 그런데 처음부터 노동조합의 대의로 뜻을 같이 하는 데까지 발전시키지 못하면, 노동조합을 실리 집단으로 생각하는 의식이 고착되어 문제가 발생하게 된다. 따라서 조합원을 만날 때 처음부터 노동조합의 큰 대의에 뜻을 같이하는 방식으로 만나야 한다.

조직이 과반수를 넘기고 대표노조가 되거나, 확고한 조직 기풍이 서 있는 당당한 현장이 될 수 있는가 없는가 판가름 할 수 있는 시기는 보통 노조 건설 100일 정도 쯤이다. 때문에 첫 단추를 잘 끼워야 한다.

조직강화 사업은 조합원들의 단결력을 높이는 사업이다. 단결력을 높이려면 언제나 핵이 튼튼해야 한다. 큰 눈덩이를 만들려면 핵이 튼튼해야 하는 것과 마찬가지이다. 따라서 어느 지부, 어느 지회 등 단위 현장의 단결력을 높이려면 중심이 되는 간부를 잘 선발하고 그 간부를 중심으로 단결력을 높이는 방식으로 사업해야 한다.

그런데 취약한 지회 조직력을 높이기 위해 핵심 간부를 찾으려고 하면 잘 보이지 않는다. 따라서 이 문제는 지회에만 맡길 것이 아니라 조직적 대책을 세워야 한다. 그래서 핵심 간부가 없으면 먼저 핵심 간부를 키워야 한다. 그렇지 않으면 조합원들의 단결력이 지속적으로 높아지지 않고 올라갔다 내려갔다 하는 불안정한 조직이 되고 만다. 핵심 간부를 세웠다고 해서 저절로 취약 지회가 강화되는 것은 아니다. 이럴 경우에는 지부나 중앙 등 상급 단위가 집중 지도를 하는 방식으로 함께 끌어올려야 한다.

지도역량이 부족하기 때문에 모든 단위를 다 집중 지도할 수는 없다. 이럴 때 쓰는 방법이 모범을 세우는 방법이다. 중앙, 지부 등 조직 간부들이 어느 한 단위를 정해서 힘을 집중해서 모범단위로 만드는 것이다. 이렇게 성공한 방법을 널리 전파하면 다른 단위가 따라 배우고, 스스로 자기 현장을 강화시키는 방법을 찾을 수 있다.

조직사업은 결국 집행과 연결된다. 조직 결정을 집행할 때 가장 중요한 것은 일을 잘 나누어서 하는 것이다. 업무를 나누어서 집행해야 집행이 조직적으로 된다. 일부 간부가 일을 혼자 맡아서 하는 경우는 일을 독점하려 하거나 일을 나눌 줄 몰라서이다. 일을 독점하고 자기 혼자 하는 간부는 겉으로는 솔선수범하는 것처럼 보이지만 매우 비조직적으로 활동하는 사람이다. 조직적 활동이 아니라 개인기에 치중하기 때문이다. 고쳐야 한다.

그런데 대다수 간부는 조직적으로 일을 나눌 줄 몰라서 고생하는 경우가 많다. 예를 들어 하나의 집회를 조직한다고 할 때 누구는 무대를 설치하고 누구는 참가자를 점검하고 누구는 집회 진행을 책임지고, 누구는 식사와 교통을 담당하는 식으로 역할을 세부적으로 나누어야 한다. 그리고 점검해주고 도와주어야 한다.

이렇게 해야 간부들이 누구나 한 가지 이상을 자기 책임 하에 일을 할 수 있다. 그런데 일을 나눌 줄 모르고, 점검하는 기능이 무엇인지 막연하다 보니, 혼자 다 하고 있는 경우가 많다. 이렇게 되면 간부들도 성장하지 못하고 일도 잘 안된다. 매사에 일부러라도 일을 나누어서 하고 그 과정에서 동지들 사이의 협업에서 문제는 없는지, 빈구석은 무엇인지 등을 발견하고 개선해 나간다면 조직의 집행력도 강화되게 된다.

조직사업이 발전하다 보면 조직체계에 대한 문제를 만나게 된다. 특히 산별노조를 건설하는 단계에서는 업종별로 따로 움직여온 조직을 하나의 산별체계 안에 묶어야 한다. 이럴 경우에 중심 업종을 두고 다른 업종들을 묶게 되는데 이 과정에서 많은 문제가 발생하게 된다. 간부들은 조직체계가 조직역량 발전단계 맞게 어떤 체계로 발전하는가에 대해서도 잘 이해하고 있어야 한다. 그래야 조직의 발전 전망과 조직설계안을 가지고 강화시켜 나갈 수 있다.

지휘

간부의 실력은 결국 어떻게 지휘를 잘하는가로 나타난다. 노동조합이 간부를 선발하고, 조합원들이 간부를 선출하는 것은 결국 지휘를 잘해달라는 것이다.

그런데 많은 간부들이 지휘하지 않고 평조합원처럼 행동하는 경우가 많이 있다. 예를 들어 전쟁터에서 중대장이 지휘하지 않고 병사들과 함께 소총을 쏘고 있으면 어떻게 될까? 병사들에게 소박하다는 칭찬을 들을지언정 유능한 지휘관이라는 소리를 들을 수는 없을 것이다. 간부들이 어떤 일을 하든 결국 지휘를 잘하는 가의 문제가 된다. 당당하게 책임감 있게 지휘를 잘해야 한다.

지휘를 잘하라니까 명령하고, 호령하고, 지시하고 채근하는 간부들이 있다. 이것은 지휘가 아니다. 자본가들이 노동자를 억압하고 통제하는 방법이다. 노동조합, 노동운동의 지휘는 조합원에게, 대중에게 복무하는 것이다. 조합원들을 노동조합의 주인 주체로 나서도록 이끌어주는 역할이다. 때문에 간부들이 지휘를 할 때는 언제나 조합원들이 주인으로서의 책임감을 느끼고 자기 역할을 잘 할 수 있도록 도와주고 복무한다는 입장에서서 지휘해야 한다.

노동조합 활동에서 '지휘'란 결국 사람을 움직이는 사업이다. 때문에 지휘를 할 때는 사람 사업을 잘해야 한다. 조합원들과 생각을 일치시켜, 분연히 떨쳐 일어나게 해야 한다. 언제나 이것을 앞자리에 놓고 조합원들이 생각, 조합원들의 감정, 조합원들의 마음과의 사업을 잘해야 한다. 이것을 사람사업, 정치사업이라고 한다. 사람의 마음을 움직일 줄 아는 사람이 지휘를 잘하는 간부이다.

지휘의 꽃은 결국 투쟁의 전략전술적 지휘이다. 노동운동의 전략과 전술은 과학적으로 해야 한다. 간부들은 구호를 잘 들어야 한다. 우리 노동조합이 쟁취하고자 하는 목표가 잘 들어가 있고, 조합원들의 결의와 투쟁의지를 높일 수 있는 것을 잘 반영하여 구호를 들고 투쟁을 지휘해야 한다. 구호가 없는 투쟁은 있을 수 없다.

다음으로 투쟁의 목표는 반드시 3가지 영역으로 짜야 한다. 첫째로 투쟁을 통해 조합원의 의식을 어느 정도 높일 것인가, 둘째로 투쟁을 통해 조직력을 얼마나 강화할 것인가, 셋째로 투쟁을 통해 무엇을 쟁취할 것인가.
그런데 투쟁의 쟁취 목표는 목표에 들어가 있는데 조합원 의식향상 목표, 조직강화 목표는 들어가 있지 않은 경우가 많다. 모든 노동조합의 투쟁은 역량강화전이 되어야 한다. 오늘 하루 싸우고 말 것이 아니기 때문이다.
아무리 투쟁에서 쟁취 목표를 달성해도 조합원들끼리 아웅다웅하게 되거나, 조합원들이 패배 의식만 높아지면 그것은 성공한 투쟁이라고 할 수 없다. 투쟁목표를 세울 때 가장 중요한 것은 의식, 조직, 투쟁력 면에서 얼마나 노동조합의 전체 역량이 강화되었는가 하는 것이다.

다음으로 어떤 방법으로 투쟁할 것인가를 짜야 한다. 집회압박전만 할 것인지, 파업까지 할 것인지, 파업하더라도 부분파업을 할 것인지, 전면파업을 할 것인지 등을 면밀하게 타산해야 한다. 그리고 투쟁방식을 결정했으면 간부들은 결단력 있게 밀고 나가야 한다. 투쟁방식을 결정해 놓고서도 간부들이 미적미적하면 조합원들은 더 흔들린다. 전진을 하든 후퇴를 하든 일단 결정했으면 단호하게 밀고 나가는 간부가 되어야 한다.

마지막으로 관건은 투쟁 동력을 어떻게 배치할 것인가 하는 점이다. 전쟁에서도 육해공군, 심리전이 있듯이 전체 조합원의 힘을 어떻게 극대화할 것인가, 주력대오를 어떻게 가동하고, 보조대오를 어떻게 움직이게 할 것인가, 연대사업을 어떻게 하고 여론전은 어떻게 할 것인가 하는 전략전술적 문제들을 짜고 지휘해야 한다. 이 중에서 가장 중요한 것을 결국 조합원의 힘을 어떻게 발동할 것인가 하는 문제이다. 이 문제에 대한 뚜렷한 대책이 없는 전략전술은 전략전술이 아니다. 투쟁의 주체는 결국 조합원이기 때문이다.

이렇게 간부들은 아주 전문적이지는 않더라도 기본적인 실력을 갖추어야 노동조합 활동을 원만하게 지휘해 갈 수 있다.
그렇다면 이런 여러 가지 간부들의 실력 중에서 가장 중요한 실력은 무엇일까?
그것은 조직의 노선과 방침을 정확히 이해하고 꿰뚫어 볼 줄 아는 능력이다. 어떤 지위에 있는 간부라도 조합원들에 들어가서는 똑같은 이야기를 해야 한다. 그런데 일부 간부들 중에는 조직의 노선과 방침, 결정사항을 무시하고 개별적으로 판단해서 자의적으로 행동하는 간부들이 있다. 이 간부는 이 이야기를 하고 저 간부는 저 이야기를 하면 조합원들이 혼란을 겪게 된다. 이렇게 되면 간부가 아무리 열심히 해도 노동조합은 단결력, 일사불란한 행동이 보장되는 것이 아니라 우왕좌왕하게 된다.

어떤 간부가 가장 실력 있는 간부일까? 조직의 노선과 방침, 조직의 결정을 가장 정확히 알고 이것을 조합원에게 쉽게 전달하고 조합원을 움직일 줄 아는 간부이다.

이것을 아는 방법은 간단하다. 가장 기층 현장 단위에서 일하는 조합원에 조직의 노선과 방침, 결정사항을 물어보면 된다. 그 조합원이 정확히 대답할 줄 알면 간부가 사업을 잘하고 있는 것이고, 횡설수설하면 간부가 사업을 잘하지 못하고 있는 것이다.

노동조합의 핵심은 단결이다. 간부의 실력 역시 단결력이다. 간부들의 단결, 조합원들의 단결을 만드는 간부가 가장 실력 있는 간부이다.

4. 노동자의 품성을 갖추자

평소에 똑똑하고 아는 게 많은데 말만 앞세우고 생활이 엉망인 사람이 조합원들 앞에서 '총파업' 등등 외친다고 하자. 조합원들은 어떻게 받아들일까? '너나 잘해라' 할 것이다. 이것이 품성 문제이다. 간부가 올바른 품성을 갖추는 것은 매우 중대한 문제이다. 왜냐하면 아무리 높은 변혁 사상과 실력을 갖추고 있다고 하더라도 품성이 밑받침되지 못하면 대중이 받아들이지 않기 때문이다. 오히려 투쟁의 정당성만 훼손된다.

노동조합 간부는 노동자다운 품성을 가져야 한다. 노동자적 품성은 노동자 민중 속에서 형성된 덕성이다. 우리 노동자 민중은 겸손, 솔직, 소박, 용감, 성실의 덕성을 특징으로 한다. 품성하면 무슨 성인군자나 공자님에 해당하는 소리라고 생각할 수도 있다. 그러나 이러한 품성은 모두 노동자 민중 속에서 나온 것이다. 바로 우리 노동자 민중의 좋은 모습이다.

품성은 타고난 성격이 아니다. 살아가면서 다듬고 가꾸어야 할 간부수양의 문제이다. '나는 태어나면서부터 이렇게 생겨먹었기 때문에 바꾸기 힘들어', '내 성격대로 사는 것도 잘못인가?', '노동조합 하려면 이런 것도 바꾸어야 하나?' 이런 생각이 들 수도 있다. 그러나 간부는 개인이 아니고, 조합원들을 이끌어야 하는 안내자이기 때문에 수양해야 한다. 기계나 물건, 집도 다듬고 가꾸면 좋아지듯이 사람의 품성도 갈고 닦으면 좋아진다.

겸손, 솔직, 소박, 용감, 성실한 품성을 가꾸는 것이 가능한 것은 간부들이 조합원에게 헌신하겠다는 결심이 있기 때문이다. 노동자 민중에게 헌신하고 복무하겠다는 결심이 올바른 품성을 가꾸는 동력이자 밑천이다.

겸손하자

겸손하지 못하다는 것은 잘난 체를 많이 한다는 것이다. 좀 자랑삼아 뽐내는 것은 문제가 안된다. 그런데 자기를 내세우는 것을 아주 중요하게 생각하고 행동한다면 문제가 된다. 잘난 체한다는 것은 자신을 남보다 위에 있는 존재, 특수한 존재로 생각하는 것이다. 그 바탕에는 사람을 지배하려는 지배계급의 사상, 뽐내고 싶은 소영웅주의라는 사상이 자리 잡고 있다.

사람을 만나다 보면 사람을 막 대하는 사람이 있다. 상대를 존중하지 않는다. 그 속에는 지배하고 잘난 체하고 싶은 욕구가 있기 때문이다. 이런 사람은 조직적 활동보다는 개인기로 승부를 보려고 한다. 잘난 체하는 사람이 혼자만 잘난 체하는 경우는 없다. 반드시 남을 무시하고 얕보게 된다. 결국 타인에게 상처를 주게 되고 관계가 틀어진다. 본인도 소위 '왕따'가 되는 수가 있다.

노동조합 간부는 무슨 완장이 아니다. 조합원의 심부름꾼이 되라는 뜻이다. 조합원들은 사용자에게 갑질 당해서 서러운데 노동조합 간부들에게까지 갑질 당하는 일은 없어야 한다.

간부는 죽으나 사나 조합원들 속에 들어가야 하고 조합원의 신임을 얻어야 한다. 때문에 겸손해야 한다. 겸손해지라는 것은 굴복하거나 비굴해지라는 이야기가 아니다. 당당하되 자신은 낮추고 조합원을 하늘처럼 생각하고 복무하자는 취지이다. 잘난 체하는 간부는 다른 사람의 작은 잘못을 크게 떠들고 자신의 큰 잘못은 감추려고 한다. 그러나 겸손한 간부는 자신의 작은 잘못은 크게 고민하고, 다른 사람의 잘못은 큰 잘못이라도 너그럽게 품을 줄 안다.

솔직하자

솔직하지 못하다는 것은 앞뒤가 다르다는 뜻이다. 앞뒤가 다른 사람은 앞에서는 투사인 척 하면서 뒤로는 도망갈 구멍을 찾고 자기 살길을 찾는다. 그 바탕에는 자기 체면을 중시하고, 자기 실적과 공을 자랑하고 싶은 공명심이 강하게 작동한다.

사업을 진행하다 보면 분명 잘못이 있고, 문제가 발생하고 있는데 보고하지 않는 경우가 있다. 문제를 보고하고 공유하면 피곤해지고 시끄러워지기 때문이다. 문제가 있는데도 잘 되고 있다고 이야기하고 대충 넘어가려고 한다. 결국 문제는 더 커지게 된다.

조합원들은 솔직한 간부를 좋아한다. 노동조합이 모든 것을 다 잘할 수 있고 모든 것이 완벽하다고 생각하는 조합원은 없다. 오히려 문제가 안 풀리면 조합원들에게 솔직하게 이야기하고 의논을 하면, 발 벗고 나서서 도와주는 것이 조합원이다.

솔직한 품성은 진정성에서 나온다. 진심으로 사람을 믿고 조합원을 믿는 사람은 솔직해질 수밖에 없다.

문제는 감춘다고 해결되지 않는다. 거짓은 거짓을 낳고 나중에는 수습할 수 없는 지경에 이른다. 특히 성추행, 재정 문제, 비리 문제 등이 예민한 문제이다. 이런 문제들은 사전에 발생하지 않도록 예방해야 하지만, 일단 발생했을 경우에는 솔직해져야 한다.

위와 같은 특수한 경우가 아니더라도 간부들이 일은 대충대충 하고, 보고는 크게 하는 식으로 하는 것도 솔직하지 못한 태도이다. 간부들 사이에 이런 풍토가 자리 잡으면, 노조 전체의 기풍이 '대충대충'으로 자리잡게 된다. 이렇게 되면 조직적 결함을 미리미리 파악하여 대책을 세우는데 문제가 발생한다. 때문에 간부들은 언제나 보고하는 단계에서부터 간부 활동과 조직의 상태에 대해서 솔직하게 공유하고, 적절한 대책을 찾아낼 수 있도록 의식적으로 노력해야 한다.

소박하자

소박하지 않다는 것은 '폼생폼사'에 치중한다는 것이다. 폼생폼사하면 행세를 내세우고 내실에는 신경을 쓰지 않는다. 그 바탕에는 겉멋을 추구하는 허위의식이 자리잡고 있다.

사람이고 조직이고 겉멋을 추구하면 이벤트나 깜짝쇼, 눈에 보이는 일에 치중한다. 그러나 중요한 것은 내실이다. 어디 가서 사진 찍는 것이나 좋아하고 화려한 조명발만 따지면 속 빈 강정이 되는 경우가 많이 있다. 우리가 싫어하는 여의도 정치인들 행태가 대체로 이렇다.

소박하다는 것은 없이 산다는 것이 아니라 내실을 추구한다는 뜻이다. 소박한 간부는 말 한마디를 해도 요란한 말로 장황하게 하는 것이 아니라 구수하고 통속적으로, 조합원들이 잘 알아듣게 한다. 하나의 행동을 해도 격식에 얽매이지 않고, 기름 묻은 작업장에서도 얼마든지 회의를 조직하고 조합원들과 호흡을 같이 하는 게 소박함이다. 소박한 간부는 문제를 해결하는 것이 중요하지, 누군가에게 보이는 것이 중요하다고 생각하지 않는다.

용감하자

강약약강이 있고, 약약강강이 있다. 비겁한 사람은 강한 사람에게 약하고 약한 사람에게 강하다. 그러나 용감한 사람은 약한 사람에게 약하고 강한 사람에게 강하다. 사람이 비겁해지는 것은 전체 조합원의 이익보다는 자기만의 이익을 생각하기 때문이다. 그러나 용감한 사람은 자신이 희생되더라도 노동조합의 대의, 전체 조합원의 이익을 위해서 자신을 과감하게 희생하고 헌신하려고 한다. 용감성은 바로 조합원에 대한 헌신성, 조직에 대한 충실성에서 나온다. 비겁한 사람은 자신의 이익을 취하고, 용감한 사람은 다수의 이익을 취한다. 비겁한 사람은 강자의 이익에 복종하고 용감한 사람은 약한 사람들의 이익을 대변하고 옹호한다.

다수의 노동자 민중은 평소에는 조용하고 침묵하고 산다. 그러나 일단 분노하면 노도와 같이 온갖 불의를 쓸어버린다. 동학혁명에서 죽창만 들고 일본의 기관총과 맞섰던 것도 농민들이었고, 군사독재에 맞서 노동조합을 건설하고 체포 구속을 감수하면서도 민주노조를 지키기 위해 투쟁했던 것도 노동자들이었다. 간부는 노동자 민중의 용감성을 배워야 한다.

성실하자

현장에서 게으름 피우는 간부가 있다. 이런 사람이 전임자가 되면 노조 활동에도 게으름을 피운다. 노동에 불성실한 사람이 노동조합 사업에서 성실할 리 없다.

노동자 민중은 성실한 사람들이다. 그토록 착취와 억압을 당하면서도 언제나 성실하게 살려고 노력한다. 그 보답이 주어지지 않는 불의의 세상이 문제일 뿐이다.

그러나 성실에 대한 보답이 주어지지 않는 불의한 세상을 뒤엎겠다면서 자신이 불성실하면 안 된다. 대다수의 간부는 밤낮을 가리지 않고 개인사를 희생해 가면서 열심히 노조 활동을 한다. 그러나 노조 간부를 하면서 불성실한 간부도 간혹 있다. 누가 보나 안 보나 노동조합 활동, 조합원에게 복무하는 사업에 성실해야 한다.

간부는 노동조합 일에도 성실해야 하지만 가장 중요하게는 사람에게 성실해야 한다. 함께 활동하는 동지들에게 성실해야 하고, 조합원들에게 성실해야 한다. 성실을 이기는 장사는 없다. 사랑도 명예도 이름도 남김없이, 오직 노동자 민중의 해방을 위하여 성실하게 한 걸음 한 걸음 전진하다 보면 반드시 승리와 해방의 날은 온다.

5. 간부는 어떻게 성장하는가

여기까지 오게 되면 큰 부담감이 생길 수도 있다. 약간의 정의감으로 노동조합 간부를 좀 더 잘하는 방법이 없을까 했더니, 간부론이라는 것이 거의 성인군자 수준에서 일을 하라는 것 같고, 자기 인생 포기하고 모든 것을 다 바치라고 하는 것 같다. 그러나 그렇게 생각할 필요는 없다. 간부론은 어떻게 살든 인생에서 누구에게나 필요한 사상이자 자질이고 품성이다. 생활의 진리라는 뜻이다. 뭘 하든 살아가면서도 누구에게나 필요한 사항이라고 생각하면 부담감보다는 어디에서도 배울 수 없는 귀중한 내용으로 다가올 것이다.

어떤 사람도 간부의 자질을 갖고 태어나지 않는다. 간부는 하늘에서 떨어지지 않는다. 우리가 모든 것이 다 준비되었을 때 부모가 된 게 아니었던 것처럼 간부도 모든 것이 다 준비되어야 간부가 되는 것은 아니다. 부모는 자식을 낳고 키우면서 아이와 같이 사는 법도 배우고 점차 부모로 인간적으로 성숙해진다. 간부 역시 조합원들과 함께 동고동락하고 울고 웃으며 단련되고 성장해 간다.

아이들이 어른이 되려면 학교에 가고 많은 것을 배워야 하듯이 간부도 일련의 과정 속에서 보다 체계적으로 성장해야 한다. 그 방법은 학습과 실천, 조직생활이다.

간부는 학습을 많이 해야 한다. 노동운동의 철학과 이론, 방법이 무엇인지, 노동자 민중의 역사가 어떠했는지, 노동자 민중의 관점에서 정치, 경제, 사회문화를 바라본다는 것이 어떤 것인지 등등 다양한 학습에 대한 커리큘럼을 정해서 순서대로 체계적으로, 집단적으로 하는 것이 필요하다. 학습이란 배우고 익힌다는 뜻이다. 일단 배우고 날마다 익히는 것이 학습이다.

간부는 실천 속에서 단련되어야 한다. 노동조합에서 결정한 사항을 집행하고 투쟁에 앞장서고, 그 결과를 놓고 평가하고 점검해보면서 교훈을 찾다 보면 학습에서 배운 원리를 깊이 이해할 수 있다. 실력도 높이고 자신의 신념과 결의를 더욱 굳건하게 할 수 있다.

간부는 반드시 조직 생활 속에서 단련되어야 한다. 학습도 실천도 모두 조직 속에서 진행하는 것이기 때문이다. 조직 생활은 간부들의 사상과 실력, 품성을 키워주는 가장 강력한 학교이다. 오직 조직 생활 속에서만 노동자의 사상을 배우고, 자질을 키우며, 올바른 품성을 수양할 수 있다. 그래서 '조직생활'을 간부를 단련시키는 학교라고 한다. 노동조합은 단순히 임금이나 올리고 근로조건만 개선하는 조직이 아니다. 노동조합 활동 과정에서 우리는 성장한다. 노동조합은 우리가 사람답게 사는 길을 알아가고, 인간적으로 성장해 가고, 보람과 행복을 만들어가는 요람이다.

8장

내일을 여는 노동자

노동운동의 과제

1. 한국노동운동 방향

——— 1) 자주적 노동운동

노동운동은 노동자의 자주적 운동이다. 노동자 스스로가 자신의 사회적 처지와 조건을 자각하고 스스로의 힘으로 개척하는 운동이다. 노동운동의 주인은 노동자 자신이다. 노동운동을 가장 먼저 시작하고 가장 나중까지 밀고 나가는 것도 노동자 자신이기 때문이다.

노동자는 노동운동의 주인이지만, 노동자라고 해서 모두 노동운동의 주인이 되고있는 것은 아니다. 현장과 생활 곳곳에서 자신과 똑같은 수많은 노동자를 마주치지만 그들 모두가 노동운동의 주인은 아니다. 노동자가 주인으로서 지위와 역할을 다하려면, 자신의 계급적, 사회정치적 처지를 자각하고 이를 변화시키기 위하여 실천에 나설 수 있어야 한다.

노동자는 노동자가 사회와 역사의 주인이라는 자각으로 의식화되고, 단결된 하나의 힘으로 조직화되며, 노동자의 자주성을 억압하는 모든 억압과 착취에 반대하여 투쟁에 나설 때 진정한 주인이 될 수 있다. 노동자가 사회의 주인이 되려면 먼저 노동운동의 주인이 되어야 한다.

── 2) 변혁적 노동운동

노동운동은 근본적으로 변혁을 지향한다. 노동자 처지의 개선과 진정한 해방은 오직 노동자에 대한 억압과 착취를 유지하는 사회체제를 근본적으로 변혁함으로써만 가능하기 때문이다.

노동자는 자본주의 사회에서 가장 억압받고 착취받는 집단이다. 비정규직 착취, 고용불안, 장시간 노동, 중대재해, 어려운 살림살이, 노동조합을 할 자유 등 어느 하나를 개선하려고 해도 잔혹한 탄압을 받는다. 노동자는 사회를 근본적으로 변혁하지 않는 한 자신의 처지를 개선할 수 없으며 노동해방의 길로 갈 수 없다.

노동자는 가장 집단적인 존재이다. 노동자의 노동은 서로 연결되어 집단적인 성격을 띠고 있다. 노동자의 집단성은 노동자가 가장 창조적인 힘을 가진 존재로 되는 원천이다. 노동자는 가장 강력한 집단적 단결력으로 착취사회를 바꾸어내고 새로운 사회를 건설하는 창조적 힘의 소유자이다.

이런 점에서 노동자는 착취받고 억압받는 모든 계급계층을 대변하고 가장 앞장선다. 가장 억압받는 집단에 이익이 되는 것은 전체 민중에게도 이익이 되기 때문이다. 가장 선두에서 싸우는 세력이 전체 민중의 이익을 대변하기 때문이다. 이것이 노동자의 사회변혁적 특징이다.

2. 한국사회 성격과 노동운동 과제

─── ## 1) 한국사회 성격

한국사회는 외세로부터 정치적·경제적·군사적 문화적으로 예속된 사회이다

한국정치에서 주권은 미국에게 예속되어 있다. 미국은 자국의 이익을 철저히 대변하는 한국내 정치권력을 만들고 재생산하며 유지해 왔다.

해방 직후 이 땅은 미군의 점령통치를 받았다. 미군정의 지원을 받아 탄생한 이승만 정권은 친미경찰독재정권이었다. 친일경찰들이 그대로 이승만 정권을 유지하고 노동자 민중을 억압하고 착취하는 선봉에 섰다. 4.19혁명으로 쫓겨난 이승만 정권의 뒤를 이은 것은 박정희, 전두환 친미군사독재정권이었다. 이들은 모두 미국이 만든 군사독재정권이다. 6월항쟁 이후 노태우, 김영삼 친미보수연합정권이 등장하였다. 군사독재 대신의회쿠데타 방식으로 3당 합당을 통해 하루아침에 국회를 재장악하고, 지역분열을 통해 체제안정화를 도모하였다.

이후 김대중, 노무현 친미자유주의정권, 이명박, 박근혜 친미수구정권이 번갈아 경쟁하며 집권하였다. 그러나 이 시기 극악한 미국식 신자유주의 세계화가 진행되었고, 한국사회는 달러식민지체제로 전락하였으며, 그 결과는 극단적인 양극화와 헬조선이었다. 문재인 정권은 남북화해를 시도했으나 미국의 간섭으로 아무 것도 할 수 없었고, 소득주도성장을 추진했지만 결국 부동산값만 올리고 실패하였다.

부동산 폭등은 미국식 금융자본주의 경제 하에서 달러를 마구 찍어 자산가격을 끌어올려서 발생한 것이었다.

미국은 현재 신냉전을 추구하며 대중, 대북전쟁 정책을 강도높게 진행하고 있다. 이것을 집행할 정권으로 친미검찰독재정권인 윤석열 정권이 등장하였다. 이처럼 한국은 철저하게 미국을 배후로 하고, 미국의 이익을 대변하고 실현하는 정치가 지배하고 있다.

예속체제 하에서 한국정치의 제1의 과제는 이 땅에서 미국의 전략과 이익을 대변하고 실현하는 것이다. 미국은 한국과 중국 사이의 무역관계를 단절시키면서 한국경제에 치명타를 가하고 있다. 윤석열 정부는 제살깎기식 대미추종정책으로 손해를 보는 재벌들의 탐욕을 노동자 민중을 탄압하고 쥐어짜서 채워주고 있다.

한국은 자주국방을 실현할 수 있는 권한 자체가 없다. 군사작전권은 한국 대통령이 아니라 미군사령관에게 넘어가 있다. 자주권을 가진 나라의 정치에서는 도저히 볼 수 없는 일이다. 한국에서 가장 중요한 땅은 모두 주한미군이 차지하고 있으며, 지금은 성주 사드정식배치, 군산기지 확장, 제주도 제2공항 건설 등 대중국전쟁의 병참기지로 전환되고 있다.

한국의 경제주권은 'IMF' 이후 미국을 중심으로 하는 초국적 자본에게 넘어가 있다. 삼성전자, 포스코, 현대자동차 등 알짜기업의 대주주가 모두 미국중심의 초국적 자본이고, 국민은행 등 대다수의 은행과 보험회사, 금융기관은 모두 미국 등 초국적 자본에게 넘어갔다. 즉 한국경제의 심장과 신경줄이 모두 넘어가 있으니 경제의 생명선이 미국중심의 초국적 자본의 손아귀에 있다.

초국적 자본에 의한 투기적 약탈은 이제 도를 넘어가고 있다. 수시로 반복되는 금융공황으로 자산가치가 붕괴되고 양털깎기가 진행된다. 일상적으로는 지속적인 주식시장을 통한 수탈, 비정규직 확대, 구조조정과 고용불안으로부터 빚어지는 민중생활의 양극화와 피폐화는 이루 말할 수 없다.

여기에 농업말살과 공기업 민영화 등 경제종속상황이 날로 악화되고 있다. 최근에는 미국의 강압으로 재벌들이 모두 대미투자에 나서고 있다. 결국 한국제조업은 공동화되고, 한국경제는 깡통경제로 전락한다. 한국은 계속 미국에게 털리는 예속경제이다.

한국사회는 미국식 문화가 마치 고급한 문화처럼 대중문화로 자리잡고 있다. 이제 언어생활에서도 영어가 없으면 불가능한 세상이 되었다. 사람들의 머리속에는 약육강식의 미국식 자본주의 문화, 개인이기주의적 사상이 광범위하게 확산되어 있다. 사람들의 머리속에 자기 민족에 대한 허무주의를 유포시키고 오직 크고 힘센 나라에 아부굴종하는 사대주의 사상을 조장한다. 마약과 폭력이 난무하며 추잡한 퇴폐문화가 판치는 미국에 대한 근거없는 동경과 환상을 키워가고 있다.

독립국가 간판을 달고 있는 나라 중에 한국만큼 미국의 예속과 간섭이 심한 나라는 없다. 정치에 있어서 예속되고 경제와 외교, 군사, 문화 등에 있어서도 식민지적 상황에 놓여 있는 것은 이제 더 이상 숨길 수 없는 있는 그대로의 모습이다. 이 예속상황을 극복하지 않고서는 노동해방도 불가능하다. 이 땅에서 미국의 이익이 노동자 민중의 이익, 민족의 이익보다 앞자리에 놓이는 심각한 예속상태, 바로 이 상황이 우리가 타파해야할 가장 선차적인 과제이다.

한국사회는 민주주의가 짓밟힌 사회이며, 노동자 민중에 대한 억압이 자행되는 사회이다

외세에 의한 정치적·경제적·군사적 간섭과 예속, 그리고 분단을 통한 체제 유지에 급급한 세력들은 그들의 이익을 유지확대하기 위해 노동자 민중에게 족쇄를 채우고 있다.

지배세력은 노동자의 기본적인 생존권, 민주주의적 노동기본권을 보장하지 않고 있다.

전체 노동계급은 노동시장 유연화로 극심한 고용불안에 시달리고 있으며, 수많은 현장의 노동자가 비정규직의 양산과 정규직내 무한경쟁구도 속에서 벼랑끝으로 내몰리고 있다.

노동3권은 초보적인 민주적 권리이다. 그러나 집권세력은 비정규직노동자에게 노동3권을 인정하지 않는 것은 물론이고, 가혹한 손배가압류로 탄압하고 있다. 교사, 공무원의 노동3권을 온전히 보장하지 않고 있으며, 타임오프, 복수노조의 교섭창구단일화 강제 등의 노동악법체계로 산별 차원의 노동계급 자주적 단결권, 단체행동권, 단체교섭권을 원천봉쇄하며 탄압하고 있다.

노동자계급뿐만 아니라 전민중적으로도 생존권이 위협당하고 있다.

농민은 IMF 이후 농산물 수입이 완전개방되고, 농업포기정책으로 파탄

상태에 내몰리고 있다. 조기퇴직, 자영업자 몰락으로 도시빈민과 노점상이 늘어나지만 어떠한 대책이 없다. 대학은 학문의 전당이 아니라 취업을 위한 학원으로 전락했고, 지식인들은 미국식 학문의 나팔수로 전락하고 있다.

초보적인 생존권마저도 보장되지 않는 사회가 민주주의를 실현할 수 없는 것은 너무나도 당연하다.

정치는 무능력과 부정부패, 폭력으로 노동자 민중에게 무권리를 강요하고 있다. 한국정치는 무너지는 민중의 생존권을 해결하는 뾰족한 대책 하나 제대로 내놓은 적이 없다. 더 정확히는 생존권을 짓밟고 있다. 오직 패거리 정치를 하면서 정쟁과 당리당략에 혈안이 되어있다.

노동법이 노동자를 지켜주는 것이 아니라 오히려 노동자를 짓밟고 있고, 국가보안법은 시퍼렇게 살아 여전히 공안조작사건으로 노동자 민중운동을 탄압하고 있다.

한국사회는 노동자 민중의 생존권과 초보적인 민주주의적 권리인 노조할 자유도 보장하지 않는 반민주, 반민중적인 사회이다.

한국사회는 민족 분단으로 인해
민족과 민중의 삶이 근본적으로 왜곡되는 사회이다

분단으로 인한 최대의 피해자는 노동자이다.

분단 반세기를 통해 당연히 누려야 할 정치적 권리가 반공이라는 이념으로 무장한 국가권력에 의해 억압되고 반공이라는 논리로 허리띠를 졸라 매어야 했다. 억압으로 점철된 역사는 분단이 노동자 민중에게 눈꼽만치 도 이익이 되지 않고 피해만 가져다준다는 것을 반증해 준다.

노동운동은 분단된 민족의 운명 아래에서 철저히 억눌려졌다. 당연히 누 려야 할 노동3권을 요구하는 것도 생존권적 요구를 내거는 것도 모두 '불 순'한 행위로 단죄되고 짓밟혔다.

분단이 유지되는 한, 50년대 60년대에도 그리고 90년대와 2000년대에 도 분단권력은 언제나 최소한의 권리도 보장하지 않으며, 노동조합이 간 판을 내거는 것조차 허용하지 않는다. 이런 점에서 노동운동의 자주적 발전을 심각히 억압하고 왜곡시킨 근본원인 중 하나는 바로 민족의 분단 이다.

분단은 건강한 노동자의식을 제약해 왔다. 노동자계급은 노동운동을 통 해 노동자 민중이 주인되는 새로운 사회를 지향하는 것을 자신의 근본속 성으로 갖고 있다. 그러나 분단은 노동자계급의 자유로운 의식발전을 가 로막고 오직 반공이데올로기로만 무장하고 기형적이고 체제 내에 안주 할 것을 강요받고 있다.

분단은 민중의 삶을 최저수준으로 묶어두고 있다. 국민혈세와 막대한 기 회비용들이 분단을 유지하는데 탕진되고 있다.

하지만 무엇보다도 분단으로 인한 커다란 피해는, 반만년 동안 이어 온 같은 민족을 적으로 간주하며 총부리를 들이대도록 갈라놓고 민족의 자 주적 발전을 가로막고 있다는 점이다. 민족의 운명이 분단으로 인해 질 곡에 빠져 온전한 발전과 약진의 역사를 맞이하지 못하고 있으며, 민족 의 운명이 성장과 도약으로 나아가지 못하고 있다.

분단은 노동자계급에게 정치 경제 문화 등 모든 부분에서 왜곡과 기형을 강요하고 있으며 계급적 이해와 요구를 실현하는 길을 가로막고 있는 최대의 장애물이다.

민족을 갈라놓고 분단을 통해 이익을 얻고, 계속 분단을 유지하려는 세력은 과연 누구인가? 분단과 통일의 문제는 정치적 성격을 띠고 있다. 손해를 보는 세력과 이익을 보는 세력이 분명히 나눠지기 때문이다. 분단으로 인해 가장 큰 손해를 보는 세력은 노동자들이다. 그리고 농민, 어민, 도시빈민, 지식인, 청년학생 등 우리 민족 구성의 절대다수인 민중이다.

반면 분단으로 인해 이익을 보는 세력은 외세와 민족분열세력들이다. 첫째가 미국을 필두로 한 외세다. 둘째가 분단을 앞세워 정치권력을 쥐고 있는 세력, 관료들, 분단을 팔아먹는 언론, 분단유지와 반통일의 첨병인 군부, 민족을 희롱하며 사대주의를 부추기는 학자, 그리고 민족의 이익보다는 자신의 이익만을 앞세우는 자본가 등이 그들이다.

오늘날에도 이들은 분단체제를 유지하기 위해 혈안이 되어 있다.

미국 군산복합체는 우리 민족의 분단을 이용해서 막대한 이익을 얻고 있다. 미국 정치세력들은 한반도 위기상황을 연출하고, 전쟁위기를 고조시키며 그 반사이익으로 권력을 유지하고 세계패권유지에 악용하고 있다. 한국사회는 미국 군사패권주의를 실현하기 위한 전진기지이며, 경제적 하청기지화가 실현되는 국제분업의 중하부 고리이다.

북을 점령할 수 없다면, 현재의 분단상태 그대로를 유지되는 것이 그들에게는 가장 유익하다. 그리고 반공반북반중을 앞세워서 미국의 이익을 관철시켜 주는 한국 정치권력 역시 계속 그 자리를 보전하기 위해서는 분단체제가 유지되는 것이 더욱 절실하다. 때문에 반통일적인 정치인이나 관료, 자본가, 군부, 언론 등은 민족의 재결합을 통한 민족번영의 새로운 전기를 마련하는 통일의 길을 철저히 외면하고 있다.

오히려 분단을 유지하기 위해서 미군의 영구주둔에 목을 매고 있다. 심지어 일본 자위대의 한반도 재진출마저 허용하고 한미일군사동맹에 혈안이 되어 있다. 분단유지세력으로 인해 한반도 전쟁위기는 점점 고조되고 있다. 이제는 한반도를 넘어 중미전쟁 등 미국의 세계전략을 실현하는 전쟁에 휘말릴 위험마저 높아지고 있다.

─── 2) 한국노동운동 과제

한국노동운동은 자주, 민주, 통일의 과제를 실현해야 한다. 그리고 노동해방의 길로 나아가야 한다.

자주

한국노동운동의 기본과제는 미국으로부터 자주화를 실현하는 것이다.

정치, 경제, 군사, 외교, 문화 등 사회 전반에서 노동자계급의 삶을 억압, 착취하는 반노동자적, 반민중적 세력의 중심인 미국을 몰아내고 사회의 자주화를 이루어야 한다.

한국의 노동자가 노동자 민중이 중심이 되는 사회를 건설하기 위해서는 모든 투쟁을 목적의식적으로 반미자주화를 기본 방향으로 명확히 해야 한다. 한국사회 근본변화를 위한 과제의 중심은 반미자주화이다.

미국의 예속으로부터 벗어나는 것이 가장 중심된 운동 과제가 되는 이유는 한국이 미국에게 예속되어 있기 때문이다. 한국의 정치·경제·외교·군사·문화 등 사회 전반이 미국에게 예속되어 있는 상황에서 어느 한 분야라도 노동자 민중에게 이익이 되도록 근본적으로 바꿔낸다는 것은 환상에 지나지 않는다.

노동자 민중은 그동안 무수한 항쟁을 하였고, 군사독재, 적폐세력들을 무수히 몰아냈지만, 왜 노동자 민중을 위한 근본적인 정치민주화, 경제민주화는 진행이 안되는 것일까? 왜 오히려 수구세력이 자꾸 되살아나고, 항쟁으로 탄생한 권력 역시 노동자 민중을 배신하는 길로 가는가? 바로 '자주'를 실현하지 않으면, '민주'도 완성할 수 없기 때문이다. '자주없이 민주없다'는 말은 이 뜻이다.

반미자주화를 실현하는 것은, 미국에 예속되어있는 한국의 정치를 가장 근원적으로, 가장 빨리 변혁할 수 있는 길이다. 즉, 반미자주화를 실현하는 것, 한국권력의 배후에 있는 실제 세력을 제거하는 것은 민주주의를 완전히 구현하기 위한 전제조건이자 필수조건이다. 또한 반미자주화를 실현하는 것은, 분단의 원인이자 분단유지세력인 미국으로부터 민족의 자주권을 되찾아서 조국통일을 완성하는데 유리한 조건을 형성하는 역할을 한다. 반미자주화는 민족통일 완성을 위한 첩경이다.

노동운동은 나라와 민족의 운명개척에서 주인으로 당당히 서야 하며, 노동해방을 근원적으로 전면적으로 실현하는 길은 외세로부터 자주화하는데 있다는 점을 분명히 인식해야 한다.

미국을 반대하는 것은 자주적이고 변혁적인 노동운동의 제1과제이다.

민주

한국노동운동은 한국사회 민주화를 추진해야 한다.

반노동자적 반민중적 법과 제도, 그리고 정치, 경제구조를 청산하고 노동자 민중이 주인되는 사회의 민주화를 이루어야 한다.

먼저, 정치에서 소외되고 선거에서 거수기에 지나지 않는 상황에 놓여 있는 정치상황을 변혁해야 한다. 노동자 민중이 정치의 주인으로 나서는 정치적 민주주의 실현하는 것은 한국사회 민주주의를 위한 가장 기본적인 조치이다. 특히 친미보수양당구조를 혁파하여야 한다. 그러자면 각종 선거법을 비롯한 정치관계법의 개정을 추진해야한다. 또한 노동자를 중심으로 한 민중의 정치세력화를 구현하는 것이 가장 중요한 과제가 된다.

참된 노동자 민중의 직접정치는 법과 제도가 완비된다고 해서 저절로 가능한 것이 아니다. 노동자 민중이 정치를 주인된 관점과 태도로써 대하고 주인으로서 역할을 수행할 수 있는 조직화가 이뤄질 때 가능하다. 노동자정당을 복원하고 실질적인 대안정당으로 발전시키는 것은 한국사회 민주주의를 실현하는 첩경이다.

이와 함께 각종 노동악법을 전면적으로 폐지 개정하는 투쟁을 지속적으로 전개하여 기본적인 노동기본권을 보장하는 사회를 만들어야 한다. 노동자가 전 사회적으로 차지하는 비중에서나 역할에서나 가장 중요한 국민성원임에도 불구하고, 한국사회는 노동권이 근본적으로 제약되는 방향에서 노동관계법이 만들어져 있다. 노동악법을 철폐하고 노동법을 전면적으로 개폐하는 투쟁을 전개해서 노동의 가치가 전 사회적으로 인정되는 사회를 건설해야 한다.

이와 함께 금융투기자본의 이익을 보장해주고, 재벌의 탐욕을 채워주는 각종 협정과 법, 제도를 폐기해야 한다. 외세와의 불평등한 협정과 법, 제도는 경제주권을 송두리째 외세에 내어주게 되고, 그 결과 노동자 민중의 생존권과 경제기반의 몰락으로 이어지기 때문이다. 또한 공기업에 대한 노동자 민중의 민주적 통제를 강화하여 공공성을 살려나가야 한다.

국가보안법 등 반통일 악법, 민족대결악법 등을 전면 폐기하고 민족의 단결과 통일에 기여하는 방향으로 나아가야 한다. 분단은 민주주의 실현에 제약을 가져와서 인권이 짓밟히고 나라와 민족의 번영에 걸림돌이 되고 있다. 분단을 유지하는 악법을 전면 폐기하고 통일로 나아가야 한다.

집회 결사의 자유를 가로막고 있는 악법을 전면 개정, 폐지해야 한다. 인권, 환경 등 사회의 제반 민주적 제 권리가 보장되도록 해야 하며 민주적 요구를 보장하는 법을 제정하고 각종 악법과 제도를 폐기, 개정해서 노동자 민중이 주인되는 민주주의를 실현해야 한다. 민주주의란 노동자, 농민, 빈민, 청년학생, 중소상공인, 종교인, 문화예술인 등 이 땅의 대다수 노동자 민중의 기본권을 전면적으로 보장실현하는 것이다. 생존권, 생명안전권, 발전권, 행복추구권이 원만히 실현되는 것을 의미한다.

민주주의를 실현하는 것은, 외세로부터 자주권을 되찾는 반미자주화 실현을 돕고 유리한 조건을 형성한다. 또한 한국사회체제를 근본적으로 변화를 실현하는 역량을 강화하는데 큰 영향을 미친다. 또한 민주주의를 실현하는 것은, 각종 민족대결정책을 폐기하고 남북통일을 위한 민족적 대단결을 실현하는데 기여하게 된다.

노동운동은 노동자 민중의 생존권과 민주적 제 권리인, 각종 기본권을 전면적으로 실현하여 정치의 주인으로서 그 지위와 역할을 다해야 한다.

통일

노동운동은 조국통일을 자신의 중요 과제로 삼아야 한다.

노동자계급의 정치, 경제, 문화적 삶을 왜곡하고, 억압과 수탈을 근본적으로 규정하는 조국의 분단을 청산하고, 노동자 민중 중심의 조국통일을 실현해야 한다.

민족의 통일을 실현하는 것은 하나의 민족이기 때문에 반드시 쟁취해야할 과제이기도 하지만, 더 근본적인 이유가 있다.

분단이 노동자의 사회적 억압과 고통의 원인으로써 오랫동안 작용해 왔기 때문이다. 그리고 분단을 이용해서 노동자를 비롯한 민중의 삶 모든 부분에 심각한 왜곡과 억압이 자행되어 정상적인 발전이 불가능하도록 만들어 왔기 때문이다. 또한 외세에 의한 분단과 분단유지는 노동자 민중에게는 아무런 이익이 되지 않는다는 점을 꼽을 수 있다. 끝으로 민족의 번영 발전의 길은 기형적인 분단체제에 있는 것이 아니라 통일된 하나의 민족, 하나의 조국일 때 가능하기 때문이다.

민족 구성원 대다수는 분단의 희생자이다. 특히 노동자 민중은 분단으로 인한 그 고통을 하루라도 빨리 끝장내기 위한 염원으로 똘똘 뭉쳐 있다. 민족 구성원 중에서 진정으로 통일을 바라지 않는 분단세력 민족분열주의세력은 극히 일부에 지나지 않으며 절대다수의 민족 구성원은 통일을 열망하고 있다. 남과 북, 해외의 7천만이 통일을 바라는 것은 절대다수 민중의 염원과 일치한다. 그리고 노동자계급의 참된 해방의 길도 조국통일 실현과 일치한다.

특히 핵전쟁 위기가 위험할 정도로 고조되는 작금의 현실에서는 외세를 몰아내고 민족을 통일하는 것만이 항구적 평화를 지키는 길로 된다.

조국통일운동을 전개하는 것은 민족적 과제해결에 노동자가 앞장서는 것이며, 노동자가 전체 사회운동을 통일적으로 주도해가는 역할을 원만하게 수행하게 한다.

또한 통일은 분단을 가로막는 가장 큰 세력인 미국을 배격하고 민족자주를 실현하는 일이므로, 반미자주화투쟁을 이뤄내는데 유리한 조건을 형성해 준다. 조국통일을 실현하는 것과 반미자주화를 실현하는 것은 밀접히 연결되어 있다. 조국통일을 실현하는 것은 반공 민족대결정책으로 일관하며 민중의 민주적 제권리를 제약하던 것을 해소하는데 큰 영향을 미치게 되므로 민주주의를 실현하는 데도 큰 영향을 미치게 된다.

노동운동은 질곡과 고통의 역사였던 분단의 역사를 청산하고 노동자계급과 민중의 이익이 전면적으로 실현되는 조국통일운동에 전면적으로 나서야 한다. 이것만이 노동자계급의 현실을 주인되게 개척하고 노동자 민중의 이익이 전민족적으로 실현되는 길이다.

3. 집권을 위한 노동운동

── 1) 노동자 진보정당 건설과 자주적 민주정부 수립

노동자 민중을 중심으로 하는 자주적 민주정부를 수립하여 자주민주통일을 완전히 실현하는 것은 노동운동의 목표이다.

노동자가 노동해방을 실현하는 길은 외세로부터 자주화를 실현하는 과제와 분단을 청산하고 조국통일을 완성하는 과제, 그리고 노동자 민중의 민주주의적 권리를 실현하는 민주주의 완성에 있다. 그런데 이상의 3대 과제를 실현할 수 있는 힘이 없으면 아무런 소용이 없다. 아무리 과학적인 현실인식과 과제 설정이 되었다 하더라도, 결국 자신의 힘으로 자신의 처지와 조건을 주인되게 변혁하지 못한다면 현실에서 아무런 의미가 없게 된다.

결국 자주 민주 통일은 자주적인 민주정부 수립을 통해 현실화된다. 또한 자주적인 민주정부는 노동자 민중의 이익을 스스로 실현하기 위한 노동자 자신의 직접정치를 통해 수립된다.

노동자가 직접정치를 할 수 있는 길은 노동자 민중의 진정한 정치세력화를 통해서만 가능하다. 따라서 제2의 정치세력화운동은 노동자 진보정당을 건설하는 것으로 시작해야한다.

노동운동은 친미일색이자, 노동자 민중의 생존권과 민주주의적인 기본권을 외면하고 있는 친미보수양당체제를 혁파하고, 노동자 민중을 중심으로 실질적인 대안정치세력을 건설하는데 앞장서야 한다. 정치는 정당을 무기로 하여 진행하는 집권운동이다. 그러므로 노동자가 직접 자기정당을 건설하여야 한다. 노동조합만으로는 집권을 이룩할 수 없다. 이제 노동운동은 당을 중심으로 진행하는 집권노동운동으로 전환해야 한다.

노동자 민중이 집권하려면 강력한 연대를 형성하고 거대한 힘을 만들어야 한다. 그것은 민중연대전선이다. 노동자는 자기자신만의 힘으로 집권할 수 없다. 오직 노동자 민중이 크게 단결함으로써 가능하다. 따라서 노동자는 정당과 더불어 민중연대전선을 강력하게 구축해 가야 한다.

최근 남미 대부분의 국가에서 노동자 민중이 집권하는 진보집권 시대가 열리고 있다. 노동자 민중의 집권은 환상적인 꿈이 아니라 이미 현실이 되고 있다. 그것도 남미라는 미국 안마당에서 벌어지는 일들이다. 미국의 식민지적 침략과 약탈, 국내지배세력에 의한 독재와 빈부격차에 더는 참을 수 없게 된 노동자 민중들이 마침내 일어난 것이다.

남미에서도 실패와 우여곡절이 없었던 것은 아니다. 지난 90년대 브라질, 베네수엘라 등 남미에서 진보집권의 바람이 불긴 했지만 미국의 간섭과 탄압으로 심각한 좌절을 맛보았다. 그러나 이에 굴하지 않고 남미 노동자 민중은 다시 일어섰다. 한국에서 진보정당운동도 강제해산 당하는 등 커다란 시련을 겪었다. 그러나 다시 일어서고 있다. 노동자가 맘만

먹으면 못할 일이 없다. 그래서 노동자다. 다시 노동자 민중의 진보적 대안정당을 건설하는 길에 떨쳐일어나야 한다.

── 2) 대안사회 건설

노동자 민중이 꿈꾸는 사회는 자주적이고 민주적이며 조국이 통일된 사회이다. 나아가 노동자 민중의 평등이 실현된 사회이다. 환경이 보존되고 지속가능한 발전이 이루어지며, 서로 단결하고 협조하는 사회이다.

그 대안사회는 어떠한 시책을 실현할 것인가. 아래는 대안사회를 구체적으로 그려볼 수 있는 노동자 민중의 정치강령의 예시이다. 서로 상상하고 토론하고 수정하고 보충하는 식으로 채워가면서 우리 사회를 절망에서 희망으로, 헬조선에서 살만한 세상으로 바꾸어 나가자.

> 정치강령 예시
>
> 1. 노동자 민중이 주인되는 자주적 민주정부 수립
> 2. 미국을 비롯한 외세의 정치적, 외교적 예속으로부터 벗어나며
>   각종 불평등한 조약, 협정을 폐기하고 완전히 자주화된 국가
> 3. 남과 북, 해외의 전민족적 대단결을 기초로 자주의

원칙이 구현되는 민족통일국가

4. 초국적 자본의 경제주권 침탈을 반대하고 재벌과두독점체제를
   극복하고, 국가기간산업의 공영화를 기본으로 하며, 생태환경과 내수기반
   강화를 중심으로 지속가능한 민족자립경제를 구현하는 사회

5. 사대주의적이고 인간을 황폐화하는 미국식 자본주의 문화를
   극복하며 민주주의적 민족문화를 실현하는 사회

6. 비정규직, 군인, 공무원을 비롯한 모든 노동자에게 노동3권을
   전면적으로 보장하는 사회

7. 농산물의 적정 가격을 보장하며 농수축산업의 안정적 기반을
   국가가 보장하는 사회

8. 민중의 민주주의적 요구를 제약하는 국가보안법을 비롯한 각종
   악법을 철폐하고, 집회 및 시위, 결사, 사상의 자유와 진보적 정치활동이
   보장되는 사회

9. 여성, 아동, 장애인, 노인, 외국인 노동자 등 사회적 약자를
   차별하거나 억압하는 각종 불평등과 차별적 법제도를 철폐하는 사회

10. 주권존중, 내정불간섭, 호혜와 친선을 추구하는 나라들과의 대외협력관
계를 발전시키는 사회

부록

세계를 움직인 노동자들

세계노동운동사

1. 러다이트 운동

1811년부터 1817년까지 산업혁명으로 일자리를 잃은 영국의 노동자가 벌인 반자본주의 운동이다.

—— 1) 배경

19세기 초까지 영국의 산업은 숙련공들이 공장에 모여서 협업을 통해 규격화된 제품을 생산하는 공장제 수공업의 시대였다. 산업혁명 이전, 자본주의 성립 시기에 수공업적 기술을 기반으로 하고 경영을 자본주의적으로 이루어지는 생산방식이 '공장제 수공업'(매뉴팩쳐)이다.

공장제 수공업은 증기기관이 생산에 도입됨으로써 큰 변화를 겪게 되는데, 기계 한 대가 수백 명의 역할을 하게 되고 숙련공이 아니어도 제품의 질을 보장할 수 있게 되었다. 상인과 숙련공에 기반한 '공장제 수공업'에서 소수의 자본가가 대규모로 노동자를 고용해서 대규모 생산을 하는 '기계제 공업'의 시대가 열린 것이다.

이런 일련의 과정을 산업혁명이라고 한다.

자본가는 비싼 숙련공 대신 비숙련 노동자와 여성 그리고 미성년자를 값싸게 고용했다. 당시 많은 방직공장에 5~6세 아동이 고용되어 있었다. 기계에 늘어진 실타래가 끊어지면 그 실을 이어야 하는데, 아이들의 작은 손이 효율적이었던 것이다.

인구가 팽창하고 도시에 대규모 인구가 몰려들자 거대한 잉여 노동력이 형성되었다. 임금은 더욱 줄어들고 노동자의 처지는 더욱 어려워졌다. 노동자는 하루 15~16시간 동안 일하고도 고작 빵 한 개 살 정도의 살인적 저임금을 받아야 했다. 노동자는 그야말로 일하는 기계였다.

1830년대 영국 공업도시 노동자의 평균 수명은 15~19세였다. 시골 지주의 평균수명이 50~52세였다. 노동자의 수명이 짧았던 이유는 장시간 노동에 시달리고 수도가 없어서 오염된 물을 마시고, 지독한 매연 속에서 살아야 했기 때문이었다.

1878년 템즈강을 오가던 프린세스 엘리스호가 침몰하여 배에 탄 800명 중 600명이 사망하는 사건이 있었다. 사인은 익사가 아니라 물에 빠지며 마신 오염된 물과 그 물에서 나오는 유독가스에 의한 질식사였다.

—— 2) 전개

당시 영국은 매년 일정액 이상의 세금을 내는 부유층 남성에게만 투표권을 주는 체제였다. 따라서 투표권이 없는 노동자, 소작농, 도시빈민 계층의 요구는 완전히 무시되고 있었다. 영국 정부와 의회는 이런 노동자의 고통에 대해서 무관심했으며, 철저하게 자본가의 이익을 추구했다. 영국 의회는 자본가의 요구를 받아들여 1799년 '단결금지법'을 제정했다. 노동자의 노동조합 결성, 집단교섭, 파업 등 일체의 집단행동은 금지됐다.

억압과 착취가 있는 곳에서 반항이 있고 반항이 있는 곳에 투쟁이 있기 마련이다. 단체행동권과 투표권도 없는 상황에서 노동자의 투쟁은 폭력적 양상으로 터져 나오게 된다. "기계로 인해 계속 고통을 받을 바에야 차라리 부숴버리는 게 낫다"는 주장이 섬유 노동자 사이에서 힘을 얻기 시작하면서 사람들은 공장이 가동되지 않는 밤이 되면 몰래 망치로 기계를 고장 내거나 공장을 불태웠다. 이것이 러다이트(Luddite) 운동으로 발전하게 된다.

기계파괴운동(러다이트운동)

출처 : 위키미디아

네드 러드(Ned Ludd)라는 인물이 이 운동을 주도했기에 러다이트 운동이라는 이름이 붙었지만 그가 누구인지 자세히 밝혀진 것은 없다. 가공의 인물이라는 설이 유력하다. 전해오는 말에 따르면, 지능이 조금 떨어지는 네드 러드라는 어린 소년이 손놀림이 서툴러 실수로 두 대의 공장 직조 기계를 망가뜨렸다. 그때부터 가끔 알 수 없는 이유로 공장 기계들이 고장나곤 했다. 의심을 받은 사람들은 입을 모아 "네드 러드가 그랬단 말입니다"라고 변명했다.

1812년, 직조공들은 비밀 결사를 만들어 도시에서 게릴라 투쟁을 전개했다. 지도자가 누구냐는 질문을 받으면 그들은 "누구라니, 물론 네드 러드 장군이지요"라고 대답했다. 그들은 점차 러다이트라고 알려지게 됐다.

러다이트 운동은 나폴레옹 전쟁의 여파로 불황에 시달리고 있던 시기였기 때문에 대중들에게 지지를 받았고, 시인 바이런 같은 지식인들조차 "폭동은 가난 때문에 생긴다"라는 말과 함께 지지를 표했으며, 자발적인 후원금이 쏟아지기 시작했다. 자본가는 실질적인 피해와 함께 러다이트 운동에 대한 대중들의 지지가 높아지면서 공포에 떨어야 했다.

하지만 기계로 인한 생산성 향상은 이미 무시할 수 없는 수준에 이르렀다. 이러한 시대적 흐름을 거스를 수 없었고, 당시 사드머스 내각이 군대를 풀어 노동자를 탄압하고, 주동자들을 모두 처형하는 등 강경하게 대응하면서 러다이트 운동은 수그러들게 된다. 그러나 노동자의 불안감과 불만은 수면 아래로 내려간 것일 뿐, 사라진 것은 아니었다. 결국 노동자는 이 운동을 통해 부분적이나마 노조를 설립하고, 단체교섭을 인정받는 등 영국 정치권과 자본가의 양보를 이끌어냈다.

—— 3) 의의

기계를 파괴했다는 현상만을 보고 러다이트 운동을 노동자의 우매한 감
정적 폭동으로만 여기는 경향이 있다. 그러나 실제로는 노동자가 자본가
에 맞서 벌인 계급투쟁이었다.

노동자가 보기에 기계는 자본주의적 생산방식 아래 도입된 것이다. 인간
을 고단한 노동에서 해방시켜주기는커녕 그들의 고통스러운 노동을 더
욱 강화하는 것이었다. 기계를 때려 부수는 행위는 기계를 소유한 자본
가에 대한 증오를 나타내는 하나의 투쟁이었다. 러다이트 운동은 자본가
들이 노동조합의 단결권을 인정하고, 단체교섭에 나서는 계기가 되었다.

또한 러다이트 운동 이후 노동자는 보통선거를 요구하는 차티스트 운동
을 전개하기 시작한다. 그리고 이 차티스트 운동으로 결집한 노동자는
마르크스주의를 만나면서 19세기 말 정치세력이 되었고, 그 결과 영국노
동당이 출현하게 된다.

2. 차티스트 운동

1830년대에서 1840년대에 걸쳐 일어난 영국 노동자의 참정권 확대 운동
이다.

──── 1) 배경

프랑스는 격렬한 형태로 봉건 왕정을 타도하고 공화정을 만들었지만, 영
국은 봉건 귀족과 신흥 부르주아의 타협을 통해 왕정을 유지하면서 봉건
사회에서 벗어났다. 그러나 명예혁명 역시 부르주아 혁명이었고 영국 사
회의 주도권은 자본가 계급이 쥐게 된다. 이들은 귀족과 자본가에게만
선거권과 피선거권을 부여하고 대다수 노동자를 비롯한 근로 민중을 국
가권력에서 철저히 배제시켰다. 노동자가 권력을 갖게 되면 자신들의 돈
벌이에 방해가 된다는 것을 본능적으로 알고 있었던 것이다.

이들은 단결금지법을 만들어 노동자의 단결권, 파업권을 불법으로 낙인
찍고 노동자는 오로지 생산의 도구로만 기능하도록 하였다. 당연히 노동

자는 러다이트 운동과 같은 과격한 투쟁을 전개했고 급기야 "정치권력을 획득해야만 자본에 대항하여 노동계급의 이익을 보장할 수 있다"고 생각하게 되었다.

── 2) 전개

이 운동의 이름은 1838년 5월 런던 노동자협회 대표였던 윌리엄 러벳이 기초한 법안인 인민헌장(People's Charter)이라는 이름에서 비롯했다. 인민헌장은 6개의 요구 조항을 담고 있는데 남성의 보통선거권, 균등한 선거구 설정, 비밀투표, 매년 선거 실시, 의원의 보수 지급, 의원 출마자의 재산 자격제한 폐지 등이었다. 차티스트 운동은 자본주의 초기 사회의 불의에 대항해 일어난 최초의 전국적인 노동계급 운동이었다.

이 운동이 전국적으로 확산될 수 있었던 이유는 1838년 전국을 순회하며 6개 조항에 대해 지지 유세를 편 아일랜드 출신의 퍼거스 에드워드 오코너의 정력적인 활동 덕분이다. 1839년 2월 런던에서 차티스트 대회가 개최되어 의회에 제출할 청원서가 마련됐다. 의회가 자신들의 요구 사항을 무시한다면 '최후수단'을 강구할 것이라고 위협했다. 5월 대회는 버밍엄으로 옮겨 개최되었으며 이곳에서 발생한 소요로 온건파 지도자 러벳과 존 콜린스가 체포되었다.

나머지 참가자들은 런던으로 돌아가 7월에 청원서를 제출했으나 영국 의회는 즉석에서 이를 거부했다. 이어서 11월엔 뉴포트에서 '완력' 행사를 주장하는 차티스트들의 무장봉기가 일어났으나 곧바로 진압되었다. 주동자들은 오스트레일리아로 추방되었으며, 그밖에 거의 모든 지도자들이 체포되어 구금을 선고받았다.

그로부터 3년 후, 300만 명 이상이 서명한 2번째 청원서가 제출되었으나 이번에도 의회는 묵살했다. 차티스트 운동의 마지막 대투쟁은 영국에 흉년이 들고 유럽 대륙에서 혁명이 일어났던 1848년에 발생했다. 다시 한 번 대회가 소집되고 청원서가 제출되었지만, 의회는 아무런 반응을 보이지 않았다. 그 후 약 10년 동안 차티스트 운동은 지방에서 명맥을 유지했으나 전국적 운동으로서는 이미 호소력을 잃은 상태였다.

—— 3) 의의

자본주의가 발전하고 영국이 제법 번영을 누리자 노동계급의 전투성은 둔화되었다. 그러나 1840년대 이념논쟁 과정에서 훈련을 쌓은 차티스트 운동의 많은 지도자들은 노동계급의 대의를 위해 계속 헌신했고 조직은 해체되었지만 차티스트 정신은 살아남았다.

차티스트 운동은 1838년부터 1848년까지 10년 동안 수백만 명이 참여하는 서명 운동으로 전개되었지만, 운동 지도부의 분열과 정부의 탄압 등으로 실패하게 된다. 그러나 이 운동의 영향으로 영국의 노동조합운동이 발전하고, 노동당이 창당하는 기초가 마련된다.

3. 파리코뮌

1871년 3월 18일부터 5월 28일까지 두 달간 존속한, 인류 역사상 최초로 노동자 계급이 세운 민주적이고 혁명적인 자치정부이다(코뮌은 프랑스의 말단 행정 단위를 일컫는 말이다).

—— 1) 배경

파리코뮌의 배경에는 80년 가까이 진행된 프랑스 대혁명의 정치적 혼란이 자리한다. 18세기 프랑스는 스페인 왕위 계승전쟁, 미국 독립전쟁 등 여섯 차례의 큰 전쟁에 참여하면서 재정이 바닥나는 지경에 이른다. 이를 타개하기 위해 175년 만에 삼부회(1신분인 성직자, 2신분은 귀족, 3신분인 평민으로 구성된 협의체)가 소집되었으나 1신분과 2신분은 세금 한 푼 내려하지 않고, 오직 3신분인 평민에게만 세금을 부과하는 결정을 채택했다.

이에 분노한 3신분 대표들이 테니스 코트에 모여 국민의회를 결성하고,

이를 탄압하는 루이 16세에 맞서 투쟁했다. 결국 시위대가 바스티유 감옥을 습격함으로써 프랑스 대혁명의 막이 올랐다. 그러나 그 후 프랑스 정치는 혼란의 연속이었다. 온건한 혁명 세력, 강경한 혁명 세력이 돌아가며 집권했으나 모두 성공하지 못하고, 나폴레옹이 쿠데타로 권력을 잡고 전쟁을 일으켰다가 유럽 연합 세력에게 패배했다. 그 후에도 프랑스 정치는 공화정, 왕정, 제정이 번갈아 등장하는 대혼란의 시기를 겪어야 했다.

자본주의 생로병사에서 살펴봤듯이 프랑스 혁명 과정은 부르주아가 노동자를 배신하는 역사의 연속이었다. 프랑스 혁명 발발 이후 80년이 넘는 시간 동안 정치적 혼란을 겪었으나 부르주아는 자신의 재산을 불려갔고 정치권력을 안착시키는 과정이 진행되었다. 이에 반해 노동자의 처지는 더욱 깊은 나락으로 떨어져갔다.

—— 2) 전개

1871년 프랑스와 독일의 전쟁은 프랑스 노동자를 항쟁으로 인도하는 결정적 계기가 되었다. 프랑스 파리는 독일군에게 점령당하고, 당시 프랑스 권력자들은 50억 프랑의 전쟁배상금 등 독일의 무리한 종전 요구를 수용하며 기득권을 유지하려 했다.

마침내 노동자의 분노가 분출하였다. 1871년 3월 프랑스 노동자는 파리에 집결하여 반정부 투쟁을 준비하기 시작했다. 이 정보를 입수한 프랑스 정부는 3월 18일 국민방위대(파리 노동자와 시민으로 구성된 무장대오) 강제해산에 나서게 되고, 결국 무장충돌로 발전하게 되었다.

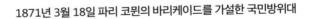

1871년 3월 18일 파리 코뮌의 바리케이드를 가설한 국민방위대

출처 : 위키미디아

프랑스 정부군은 분노로 떨쳐 일어난 노동자 군대를 이길 수 없었다. 노동자 무장대는 정부군 장교들을 체포·총살했고, 이에 겁먹은 프랑스 정부는 베르사유로 퇴각했다. 파리는 해방되었고, 3월 19일 파리 시민과 노동자가 주도하는 중앙위원회가 결성되었다. 3월 26일에는 코뮌 평의회 선거가 치러졌다. 85명의 의원을 선출하고, 마침내 3월 28일 수만 명의 파리 시민과 노동자가 모여 자치정부인 '파리코뮌'을 선포했다.

파리코뮌은 노동자 계급을 비롯한 민중 세력의 실질적인 권력기관이었다. 파리코뮌은 상비군제도와 경찰제도를 폐지하고, 무장한 국민군으로 대체했다. 또한 교회와 국가권력을 분리하고, 교회의 재산을 국민의 재산으로 귀속했다.

파리코뮌은 10시간 노동제를 실시했으며, 제빵공의 건강을 해치는 야간 작업도 금지했다. 사업장 안에서 행해지던 사적인 재판 관행을 폐지했으며, 자본가는 징계 명목으로 임금을 공제·삭감하는 행위를 금지했다. 또한 기업주가 버리고 도망간 공장을 가동하기 위해 노동자 조직으로 하여금 관리하도록 조치했다.

이 외에도 주택임대료에 대한 법률을 공포했고, 빈곤자 구제를 정부 의무로 규정했다. 또한 완전한 무료의무교육 방침과 더불어 직업교육의 필요성을 강조하기도 했다. 국가의 종교예산을 폐지했고, 수도회의 자산을 몰수했다.

다만, 노동시간의 상한선 설정과 최저임금제 설정 계획, 전시 이득의 몰수 조치 등이 검토되었으나 파리코뮌이 2개월 만에 붕괴하면서 이 정책들은 실현되지 못했다.

파리코뮌은 프랑스를 자유로운 코뮌들의 연맹체로 만들기 위해 다른 지역에서도 코뮌을 수립할 것을 호소하는 메시지를 풍선에 매달아 날려 보냈다. 파리에서 770km 이상 떨어진 프랑스 남부 도시인 마르세유 등에서 코뮌 운동이 일어날 정도로 파리코뮌의 파급 효과는 굉장한 것이었다.

5월 21일 정부군의 대대적인 파리 진입 작전이 시작되었다. 파리코뮌에 놀란 독일, 오스트리아, 네덜란드, 벨기에, 러시아, 영국 등이 프랑스 정부군을 지원했다. 파리 곳곳에서 치열한 시가전이 벌어졌으며 이 전투는 5월 28일까지 계속되었다. 이 진압 작전으로 적게는 1만 명, 많게는 5만 명의 노동자와 민중들이 죽었다. 진압 후 파리코뮌 연루자 10만 명이 체포되었고, 그중 4만 명이 군사재판에 넘겨졌다. 7,500명이 프랑스 식민지인 누벨칼레도니(호주 동쪽에 위치한 태평양의 프랑스령 섬)로 종신 유배되었다.

── 3) 의의

비록 2개월 만에 끝났지만 파리코뮌은 노동자 민중이 집권한 최초의 정부였다. 노동자계급이 사회적 주도권을 발휘할 수 있는 유일한 계급으로 공공연하게 인정된 최초의 혁명이었던 것이다.

사상 처음으로 사회주의적 정책들이 실행에 옮겨졌고, 이후 사회주의 운동에도 지대한 영향을 미쳤다. 그러나 파리코뮌의 정책은 노동자만을 위한 정책이 아니었다. 당시 파리코뮌의 정책은 노동자뿐 아니라 파리 시민들에게서도 전폭적인 지지를 받았다. 즉 파리코뮌이 추구했던 정책은 노동자를 위한 것이었고, 동시에 파리 시민을 위한 것이었다.

노동자의 요구와 시민의 요구가 사실상 일치할 수 있음을, 따라서 노동자의 요구를 실현하는 것이 곧 사회 전체의 이익을 실현하는 것임을 파리코뮌은 현실에서 보여주었다.

4. 8시간 노동제를 위한 파업과 헤이마켓 사건

1886년 5월 1일 뉴욕, 시카고, 보스턴 등 미국 전역에서 8시간 노동제를 요구하며 벌인 노동자의 파업 투쟁이다. 국제적으로 8시간 노동제를 실현하는 계기가 되었고, 5월 1일 국제노동절의 계기가 되었다.

── 1) 배경

산업혁명 당시 영국의 평균 노동시간은 하루 10~16시간이었고, 휴일은 일주일에 하루 뿐이었다. 자본가에게 노동자는 인간이 아니고 그저 자신의 주머니를 불려주는 수단에 불과했다. 일하지 않고는 죽을 수밖에 없는 노동자는 자본이 만들어놓은 룰을 따를 수밖에 없었다.

장시간 노동을 극복하기 위한 노동자의 투쟁은 자본가 권력에 의해 번번이 탄압받을 수밖에 없었고 8시간 노동을 쟁취하기 위해서는 상당한 피를 흘려야 했다. 8시간 노동, 8시간 수면, 8시간 휴식이라는 구호가 제기된 것은 1817년이다. 그러나 영국에서는 1847년에야 법개정을 통해 여성과 청소년 노동자에 대한 10시간 노동 제한이 실현되었으며, 프랑스의 경우 1848년 이후에야 1일 12시간 노동을 쟁취하였다.

노동자의 열악한 환경은 뒤늦게 자본주의가 발전한 미국에서도 마찬가지였다.

—— 2) 전개

1886년 5월 1일 시카고, 뉴욕, 보스턴 등 미국 전역에서 38만 명 이상의 노동자가 8시간 노동제를 요구하며 파업에 나섰다. 노동자의 정당한 요구에 자본가는 자신들의 무기인 공권력을 동원하여 무자비한 진압을 시도했다. 5월 3일 시카고의 기계 노동자 4명이 경찰에 사살당했다.

파업에 참여한 노동자와 지지자들은 다음 날인 5월 4일 헤이마켓 광장에서 추모 집회를 열고 8시간 노동제를 요구하는 평화행진을 시작하였다. 당연히 경찰은 이를 해산하고자 하였다. 이때 경찰 쪽을 향해 다이너마이트 폭탄이 투척되었다. 폭탄의 폭발과 경찰의 발포로 인해 경찰 일곱 명과 민간인 네 명 이상이 죽었고, 많은 사람이 다쳤다.

이후 무정부주의자 여덟 명이 음모 혐의로 체포되었다. 기소의 증거는 피고 중 한 명이 폭탄을 만들 수 있다는 것뿐이었다. 실제 그들 여덟 명 중 누구도 폭탄을 던지지 않았다. 피고 중 일곱 명에게는 사형이, 나머지

한 명에게는 징역 15년이 선고되었다. 사형수 중 두 명은 일리노이 주지사 리처드 오글스비가 종신형으로 감형해 주었고, 한 명은 교수대로 끌려가기 전에 자살했다. 나머지 네 명은 1887년 11월 11일 교수형에 처해졌다. 1893년 신임 일리노이 주지사 존 피터 올트겔드는 그때까지 살아있던 피고들을 모두 사면하고 재판을 비난했다.

헤이마켓 사건의 진범이 누군지는 여전히 미궁 속에 있다. 분명한 것은 대단히 부당한 졸속 재판이었다는 것이다. 폭발 시 기소된 8명은 모두 현장에 있지 않았다. 단지 아나키스트라는 이유로 폭파범으로 몰렸을 뿐이다.

이 판결은 당시 세계적으로 많은 노동운동가들의 강력한 비판을 받았고, 미국 역사상 가장 수치스러운 오심 중 하나로 평가받는다. 헤이마켓 사건의 순교자 중의 한 명인 아나키스트 어거스트 스파이스(August Spies)는 그의 재판에서 다음과 같이 언급하기도 했다.

"우리를 목매달음으로써 노동운동을 짓밟을 수 있다고 생각한다면, 궁핍과 고통 속에서 고된 노동을 하면서도 해방을 고대하는 수백 만 임금 노예의 노동운동을 짓밟을 수 있다고 생각한다면, 우릴 처형하라! 당신들은 지금 불꽃 하나를 밟아 끄고 있지만, 당신들 앞과 뒤를 가리지 않고 어디서든 불꽃은 다시 피어오를 것이다. 이것은 지하에서 타오르는 불길이다. 당신들이 밟고 있는 대지 자체가 불타올라 결코 꺼지지 않을 것이다."

── 3) 의의

1889년 7월 프랑스 혁명 100주년 기념일을 맞아 프랑스를 본부로 하는 제2인터내셔널이 창립되었다. 미국 노동조합의 요청에 따라 매년 5월 1일 세계 각지에서 일제히 8시간 노동제를 위한 집회를 열기로 결정했고, 이후 매년 5월 1일 각국에서 노동절(메이데이) 집회가 개최되고 있다.

러시아는 1917년 러시아 혁명이 성공한 후 8시간 노동을 최초로 법제화했다. 국제노동기구는 1919년 제1회 총회에서 8시간, 주 48시간 노동제를 국제노동기준으로 확립하였다.

5. 러시아 혁명

1917년 2월, 10월에 일어난 두 차례의 혁명을 통해 전제 군주국이었던 러시아제국이 무너지고 세계 최초의 노동자 국가인 소비에트 러시아가 탄생했다.

—— **1) 배경**

러시아는 유럽 국가 중 자본주의 발달이 가장 늦은 나라였지만, 19세기 중엽 이후 급속도로 자본주의가 발달하였다. 1860년대부터 1900년까지 공업 생산량은 7배 이상 증가했는데 특히 대규모 공장제 공업과 중공업 분야에서 도드라졌다. 그 결과 러시아는 광물 채굴, 철강 생산, 운송, 제조 등의 면에서 결코 서유럽에 뒤지지 않는 수준까지 도달하였다.

그러나 이러한 발전에도 러시아 민중들의 삶은 다른 유럽국가처럼 비참하기만 할 뿐이었다. 최저임금도 없었고 노동시간 제한도 없었다. 또한 지각 등의 사소한 규정 위반에도 임금의 1/3 이상이 벌금이라는 명목으로 차감되었다. 여성 노동자의 경우 출산 후 바로 다음 날 출근해야 했다. 이에 대해 항의라도 하면 가차 없이 해고되었다.

—— 2) 전개

20세기에 접어들면서 러시아에서 노동자들의 정치파업과 시위가 격화되었다. 1901년 상트페테르부르크, 모스크바, 키예프, 하르코프 등지에서 수만의 시위대가 '전제 타도'의 구호를 들고 가두행진을 벌였으며 남러시아 노동자 총파업에는 20만의 노동자가 참여, 황제 권력에 정면으로 도전하였다.

1905년 발발한 러일전쟁은 러시아제국의 한계를 적나라하게 드러냈다. 러시아제국은 일본제국에 패배하여 남사할린을 할양하고 대한제국에서 영향력을 상실하는 엄청난 굴욕을 겪게 된다. 러시아 사회주의자들과 자유주의자들은 1905년, 전제정을 타도하고 입헌군주제를 실시할 것을 요구했고 농민과 노동자도 열악한 경제 상황을 개선할 것을 요구하는 시위를 벌였다.

하지만 그들의 요구에 돌아온 답은 탄압뿐이었다. 농민과 노동자는 피의 일요일 사건(1905년 상트페테르부르크에서 열린 노동자 시위에 군대가 동원돼 500명 이상의 사망자가 발생한 사건)으로 큰 충격을 받았고 수백

년간 러시아 국민들의 머릿속에 뿌리 깊게 박혀 있던 황제 숭배 사상은 일시에 무너져 내렸다.

1차 세계대전은 제정 러시아 몰락의 결정적 계기가 되었다. 전쟁 초기 슬라브 민족주의에 고무된 러시아 민중은 황제를 지지하며 독일제국과의 전쟁에 참전하였다. 그러나 독일제국은 예상외로 강력했으며 타넨베르크 전투에서 12만 5천 명의 러시아 제국군이 전사하며 패퇴하고 1915년 초여름 러시아령 폴란드의 수도 바르샤바가 함락되고, 벨로루시와 발트해 연안까지 독일 제국군이 진주하는 등 오히려 러시아가 열세에 놓이는 상황에 이르렀다.

러시아제국은 모든 물자와 병력을 동원하여 총공세에 나섰으나 좋지 않은 결과로 종결되자 러시아에선 차츰 혁명적 정세가 조성되기 시작했다. 특히 막대한 전쟁 비용을 충당하기 위해 대규모로 루블화를 찍어냈는데, 이로 인해 화폐가치가 하락하고, 물가가 치솟았다. 그 중에서도 빵을 비롯한 생필품의 물가가 치솟았다. 거의 모든 국민이 전쟁을 혐오했고, 반전 감정은 러시아 황제에 대한 반감으로 이어졌다.

결국 1917년 3월 8일 노동자는 '전제 타도', '빵을 달라', '전쟁 반대' 등의 구호를 내걸고 파업을 시작했고 이 파업은 러시아 전역으로 걷잡을 수 없이 확대되었다. 군경과 시위대 사이에 충돌이 본격화되었고, 마침내 12일과 13일 진압 명령을 받은 러시아 병사들이 혁명의 편에 가담하면서 러시아 제국은 붕괴했다(2월 혁명, 러시아 달력으로 2월이라서 이렇게 부른다).

2월 혁명은 부르주아 혁명이었고, 부르주아들이 권력을 장악했다. 그러나 다른 한편 2월 혁명은 러시아 민중의 변혁적 열망을 더욱 폭발시키기도 했다. 300년 동안 민중을 억압했던 황제가 불과 2, 3주 사이에 사라졌고 사람들은 완전한 자유를 만끽했다. 노동자가 고용주에게 노동자의 권리를 가르쳤고 학생들이 교수에게 강의를 주문했다. 혁명의 영향으로 문화계도 배우들이 극장을 인수해 대본을 직접 선택하는가 하면, 극장을 직접 운영하기도 하였다. 그동안 짜리즘에 억눌린 민중의 목소리가 봇물 터지듯 쏟아졌다.

그러나 노동자가 보기에 근본적인 문제들은 해결되지 않았다. 전쟁은 계속되었고 굶주림과 기아는 여전했다. 노동자는 여전히 착취당했고 토지는 지주들의 손아귀에 있었다. 부르주아로 구성된 새로운 정부는 이 문제를 해결할 의사가 없었다. 그들에게 전쟁은 막대한 이익을 주는 것이었고, 군의 위계질서를 확립해 반란을 방지할 수 있었다. 그들의 관심사는 전후 세계질서 재편을 고려해 서유럽과 연대하여 전쟁을 승리로 이끄는 것이었다.

이에 노동자와 농민들은 임시정부를 비판하기 시작했고, 노동조합 공장위원회, 농민위원회를 결성했다. 여러 정치세력 중에서 볼셰비키(레닌이 주도하는 공산주의 정당)만이 정세를 제대로 파악하고 임시정부와의 협력을 반대하고, 전쟁 반대와 평화조약 체결을 주장했다. 망명 중이던 레닌은 귀국하여 임시정부 타도와 각종 사회주의 정책을 내놓으면서 이후 투쟁 방향을 제시했다.

이에 고무된 러시아 노동자와 농민은 7월 16일 대대적인 시위를 벌였고, 참전하라는 명령을 거부하고 있던 일부 군대는 무장봉기를 시작했다. 그들의 목표는 소비에트 중심의 권력을 수립하는 것이었다.

7월부터 이어진 노동자·병사들의 투쟁은 크고 작은 변곡점을 거쳐 결국 10월 볼셰비키를 중심으로 단결하여 소비에트 권력 수립을 위한 무장봉기로 나아갔다. 11월 6일 레닌의 지시로 즉각 행동이 개시되었고, 중앙전신국, 우체국, 전화국, 주요 역이 혁명군에게 장악되었다. 7일 저녁까지 임시정부 청사인 겨울궁전을 제외한 부르주아 세력의 모든 거점이 분쇄되었다. 마침내 8일 새벽 2시, 겨울궁전이 점령되면서 혁명은 완료되었다(10월 혁명).

11월 7일 밤, 제2차 전 러시아 소비에트 대회에서 임시정부가 타도되고 모든 권력을 소비에트가 장악했음이 선포됐다. 11월 8일에는 <평화에 대한 포고>와 <토지에 관한 포고>가 발표되어 즉각적인 종전, 토지의 무상몰수 무상분배가 추진되었다. 대회는 중앙집행위원회를 새로 선출하고 최초의 소비에트 정부라 할 수 있는 인민위원회를 창설했다. 세계 최초의 노동자 국가가 탄생한 것이다.

―― 3) 의의

비록 소련은 수십 년이 경과 한 후 역사의 무대로 사라지긴 했지만 소련 사회주의 국가를 건설한 러시아 노동자의 투쟁은 세계 노동운동에 커다란 영향을 미쳤다. 전 세계의 수많은 노동자는 노동자의 세상이 가능하다는 것을 목도하면서 사회주의 혁명을 위해 떨쳐 나섰다.

또한 일본의 지배와 간섭을 받고 있었던 아시아의 많은 나라 민족들 역시 10월 혁명을 남다르게 바라보았다. 중국의 지도자 쑨원은 소련 정부에 서신을 보내 "귀국의 혁명당이 벌이고 있는 투쟁에 대해 깊은 경의"를 표하면서 "중국과 러시아의 혁명 정당이 공동투쟁을 위해 단결할 것을 희망"했다. 인도 독립운동의 지도자 네루 역시 "우리는 레닌을 존경하고 있었고 그가 이룩한 모범적 사례가 우리들에게 영향을 끼쳤다"고 회고했다.

6. 스페인 내전

1936년 스페인 좌파 인민전선 정부와 우파 반란군 사이에서 발생한 군사적 충돌이다. 7월 17일 모로코에서 프란시스코 프랑코가 쿠데타를 일으켜 내전이 시작되었고, 1939년 4월 1일에 인민전선 정부가 마드리드에서 항복하여 프랑코 측의 승리로 끝났다.

── 1) 배경

스페인은 봉건체제를 타파하는 과정에서 수많은 정치적 혼란을 겪어야했다. 프랑스 혁명 등 유럽에서의 부르주아 혁명 분위기 속에서 1873년 최초의 공화국이 스페인에 세워졌다(제1공화국). 그러나 스페인 각 지역에서는 분리독립 운동이 활발해지고, 스페인 식민지였던 쿠바에서 무장독립 투쟁이 발생하자 군대를 파견했으며, 이 과정에서 군부의 영향력이 확대되었다.

1874년 1월 마드리드의 군벌 파비아는 의회를 해산하는 쿠데타를 일으키고, 스페인 공화국을 장악했다. 그러나 군부 내에서 내분이 일어나 또 다른 군사반란이 발생하고, 왕정이 복구되었고, 새롭게 왕이 된 알폰소 12세는 1876년 헌법을 제정하여 입헌군주국을 표방했다.

그러나 공화국을 수립하는 과정을 통해 스페인의 주요 산업 도시엔 노동조합이 대거 등장하게 되었으며, 러시아 혁명 이후 사회주의와 공산주의의 영향력이 증대하였다. 왕정복고 후에도 스페인 정치 상황은 혼란이 계속되었고, 스페인 왕정은 이런 혼란을 극복하기에는 너무나 무능력했다.

스페인은 1차 세계대전 기간 중립을 지키면서 막대한 경제적 이익을 보았으나 이 이익은 소수의 지배계급에 집중되었고, 이에 분노한 노동자는 1917년 총파업에 돌입했다. 그러나 군대의 진압으로 총파업은 막을 내렸고, 이 과정에서 노동자 수백 명이 죽임을 당했다.

1923년 또다시 군부 쿠데타가 발생해 군사 정권이 수립되었고, 지주, 교회, 부르주아와 같은 기득권층은 이 독재정권을 전폭적으로 지지했다. 그러나 1929년 세계를 강타한 경제대공황이 발생했고, 스페인 경제 악화는 군부 독재자마저 스스로 사임하게 할 정도로 강력한 것이었다.

경제위기 상황 속에서 실시된 1931년 총선에서 공화주의를 표방하는 정치세력이 집권하고 스페인 국왕이 망명을 하면서 스페인 정치 상황은 새로운 국면에 진입했다(제2공화국).

—— 2) 전개

새롭게 수립된 공화국은 부르주아 공화주의자 외에도 사회주의자, 공산
주의자들의 참여도 보장했다. 이들의 공동 목표는 민주공화국을 수립하
는 것이었다. 온건 가톨릭 교도이자 부르주아였던 사모라가 초대 대통령
에 취임하였고 아사냐와 같은 사회주의자들이 정부에 참여하였다. 제2공
화국의 헌법은 지방자치와 평화주의, 교회와 국가의 분리, 여성의 참정권
명시와 같은 내용을 담고 있었다.

공화국 정부의 가장 큰 현안은 토지 개혁이었으나, 스페인의 소수 지배
계급이었던 지주와 로마 가톨릭교회의 저항으로 개혁은 지지부진했다.
대공황으로 양극화가 심화되어 계급 갈등이 심각한 상황에서 파시즘과
같은 극단주의가 대두되어 사회는 극도로 불안정하였다.

제2공화국의 총리 아나샤는 지지부진한 토지 개혁과 경제위기로 인해
좌파와 우파 모두에게 비난받았다. 1933년 아사냐 내각은 결국 퇴진하였
고 총선을 실시한 결과 우파가 집권하였다. 노동자는 우파 정책에 격렬
히 저항하여 총파업을 실시했으나 우파 권력은 군대를 동원하여 탄압하
였고 그 결과 지지율은 급격히 하락했다.

1936년 2월 실시된 총선에서 마침내 스페인 사회노동당, 좌파 공화파, 스
페인 공산당 등으로 구성된 인민전선이 473석 중 289석을 차지하여 승
리했다. 의회를 장악한 인민전선은 토지개혁을 포함한 개혁적이고 변혁
적인 정책들을 시행하기 시작했다.

그러나 변혁적 정책이 올곧게 진행된 것은 아니었다. 인민전선 정부는 노동자의 정부였지만 그 안에는 중간정치 세력이 합류하고 있었고 그들의 기회주의적 속성으로 정책이 오락가락 하는 경우가 발생하기도 했다.

스페인 기득권층인 지주·자본가·로마 가톨릭교회 등은 인민전선의 정책에 위기의식을 느끼고 스페인령 모로코에 머물고 있던 프랑코를 사주하여 쿠데타를 일으켰다. 인민전선 정부는 쿠데타의 징후를 포착하고 있었으나 이를 사전에 차단하지는 못했다. 또한 초동 진압에 실패함으로써 반란군이 군사적 우위를 점하게 되었다.

반란 초기 반란군에 맞서 싸운 것은 인민전선 정부를 지지하는 노동자와 시민들이었다. 많은 시민의 희생 끝에 마드리드를 지킬 수 있었다. 그러나 1939년 4월 1일 인민전선의 마지막 거점이었던 마드리드가 함락되고 공화국 정부는 항복선언을 하였다.

내전이 끝나고 프랑코가 집권하자 잔혹한 보복이 뒤따랐다. 수천 명의 공화국 군인이 투옥되었고 최소 30,000명이 처형되었다. 이때의 희생자 수가 50,000명에 달한다는 기록도 있다. 수많은 사람들이 강제 노역을 해야만 하였다. 스페인 내전에 사망한 사람은 50만 명으로 추산된다.

—— 3) 의의

인민전선 정부는 노동자 민중을 위한 정책을 펼쳤지만 인민전선에 참여한 중간 정치세력들의 기회주의적 성향때문에 무능한 모습을 보이기도 했다. 그 결과 쿠데타 발생의 징후를 포착했으나 사전에 차단하지 못했고 초동 진압에도 실패했다. 그 결과 스페인 내전은 처음부터 쿠데타 세력이 우세를 보였다.

그러나 스페인 노동자에게 있어서 인민전선 정부는 자기를 위한 정책을 실현한 최초의 국가였다. 스페인 노동자에게 있어서 쿠데타는 노동자를 위한 정부를 전복하려는 반동이었다. 노동자는 마드리드와 바르셀로나에서 스스로 무장하여 반란군에 맞서 싸웠다. 인민전선 정부의 지도자들은 노동자 군대를 지원하지 않았고, 항구에 정박해 있던 정부의 군함 역시 움직이지 않았다. 그럼에도 불구하고 스페인 노동자는 자신의 투쟁으로 만든 정부를 지키기 위해 끝까지 항전했다.

스페인 내전은 적대적인 두 개의 정치세력이 군사적 충돌을 일으킨 사건으로 기록되어서는 안된다. 집권에 성공한 노동자가 자신의 정부를 지키기 위해 헌신적이고 희생적으로 투쟁한 역사로 기록되어야 한다.

7. 그리스 총파업과 시리자 집권

2008년 미국발 금융위기는 유럽으로 확산되었고, 경제위기 상황에서 그리스에서는 급진좌파들이 연합하여 집권에 성공했다. 시리자 집권은 불과 몇 년 사이 수십 차례가 넘게 총파업을 했던 그리스 노동자의 투쟁이 있었기에 가능했다.

── 1) 배경

시리자의 집권은 그리스 경제위기 속에서 기존 질서에 대한 염증이 광범위하게 퍼져있었던 당시 그리스 상황을 배경으로 한다.

2008년 미국발 금융위기의 여파는 그리스에 직격탄을 날렸다. 그리스는 유로존 가입을 위해 재정적자 비율과 부채비율을 조작하였는데, 2009년 집권한 신정부는 재정적자가 그전에 알려진 3.7%가 아니라 12.5%라고 실토했다.

금융위기는 더욱 심화되어 돈을 빌려준 은행들이 자금회수에 나서며 디폴트 위기에 빠졌다. 2010년 IMF-유로존-유럽중앙은행으로부터 1차 구제금융을 받았고, 2012년에는 2차 구제금융을 받게 된다.

이 구제금융이 그리스의 재정을 안정시킬 것으로 기대됐지만 대부분의 돈은 경제 살리기가 아니라 그리스의 채무를 갚는 데 사용됐다. 그리스는 대대적인 긴축재정을 시행하게 되고 급기야 실업률이 25%를 넘고 청년 실업률은 50%대 중후반까지 상승하는 초유의 사태에 직면하게 된다. 취직한 사람들도 임금이 대거 깎였고, 전기요금을 내지 못해 전기가 끊어진 가정이 속출했다.

그리스는 1974년 군사독재가 사라진 이후 오랫동안 중도우파 성향의 신민주의당과 중도좌파 성향의 그리스사회당이 번갈아 집권했다. 그런데 2008년 이후 시작된 그리스 금융위기 과정에서 이들 양대 정치세력은 하나같이 무능한 모습을 보였고, 이들에 대한 비토 정서가 확산되면서 시리자(SYRIZA)라는 군소정당이 집권할 수 있는 정치경제사회적 토대가 마련되었다.

─── 2) 전개

2008년 경제위기 발생 이후 그리스 집권세력은 신민주주의당-그리스사회당-무소속으로 바뀔 정도로 어느 정치세력도 대중의 신뢰를 확보하지 못했다. 이들은 하나 같이 재정적자를 줄이기 위해 세금 인상, 연금 삭감, 임금 인하, 공공부문 노동자 해고, 최저임금 삭감, 교육 지출의 축소, 정년 연장 등 노동자를 희생시키는 정책으로 일관했다.

분노한 그리스 노동자는 격렬한 파업 시위를 벌였다. 각각 50만 명과 200만 명을 조합원으로 두고 있는 그리스 공공노조연맹과 노동자총연맹 등 양대 노총이 투쟁을 진두지휘했다. 2010년부터 2015년까지 40차례가 넘는 총파업이 있었으며 점차 그 규모가 확대되고 있었다. 학생들까지 노동자 시위에 가세했고 점차 그리스는 마비되기 시작했다.

한편 그리스의 진보성향 대중들은 중도좌파를 표방하는 그리스사회당마저도 기득권층의 이익을 대변하고 있다고 판단하고 이 정당에 대한 지지를 철회했다. 대중들은 시리자 지지 대열에 전격 합류하면서 시리자의 당세는 급격히 확산되었다. 그 결과 2012년 6월 실시된 총선에서 26.89%를 득표하여 1/4의 의석을 차지할 정도로 급성장하게 된다.

이 총선에서 중도우파인 신민주주의당이 집권하는데, 많은 정치세력들이 경제위기를 극복해야 한다면서 연립정부를 구성했다. 그러나 시리자는 연정에 참여하지 않았다. 오히려 시리자는 그리스 재정 위기를 타개한다는 명분 아래 유럽연합과 체결했던 모든 긴축정책의 완전한 폐기, 즉각적인 국가부도 사태 선언 등을 내세우며 독자적인 진보 정치를 추구했다.

시리자의 전략은 주효했다. 새로 출범한 연립정부의 정책은 그리스를 위기에서 구하지 못했고 2015년 1월 실시된 총선(당시 그리스의 혼란스러운 정치 상황으로 인해 그리스는 조기 총선이 빈번하게 실시되었다)에서 득표율 1위를 차지하며 집권에 성공하게 된다.

시리자 출신 치프라스 총리는 정치적 불안정과 경제위기의 여파 속에서 2015년 8월 20일 의회를 해산하고 조기 총선을 치러 재신임을 확보하고자 했다. 2015년 9월 총선에서 시리자는 또다시 1위를 차지함으로써 집권당의 지위를 회복했고, 치프라스 역시 총리직을 다시 수행할 수 있었다.

그러나 총선에서 과반 의석을 확보하지 못해 우파 정당인 독립그리스당과 연정을 구성할 수 밖에 없었다. 시리자 정부 또한 갈수록 심화되는 그리스 부채 때문에 EU의 압박에서 자유로울 수 없었다. 그동안 완강하게 거부해왔던 구제금융안과 채권단이 요구하는 구조조정과 긴축재정안을 받아들이는 것으로 정책을 선회했다. 당내에서 불협화음이 심화되었고, 시리자 소속 의원들 가운데서 정부와 선을 긋는 의원들이 나오기도 했다. 그 결과 2019년 총선에서 신민주주의당에 패배했다.

─── **3) 의의**

시리자의 집권은 긴축정책에 맞서 투쟁한 그리스 노동자의 승리였다. 그리스 노동자의 긴축 반대 투쟁은 2009년~2014년 사이 네 번이나 정부를 무너뜨렸다. 노동자는 총파업을 통해 기존 정치세력이 그리스 경제위기를 해소할 수 없음을 입증했던 것이다. 결국 노동자의 투쟁이 시리자 집권을 가능하게 했다.

한편 시리자 정부는 신자유주의 개혁을 추진하는 데서 야당 시절만큼의 철저함을 유지하지 못했다. 심각한 부채 위기 상황은 시리자를 유럽연합과의 협상을 통해 구제금융을 받을 수밖에 없는 처지로 내몰았다.

그리스 노동자는 국내외 기득권 세력과 타협을 시도하는 시리자 정부를 비판하는 총파업을 전개했다. 연금을 추가로 삭감하고 임금을 오랫동안 동결하려는 시리자 정부의 정책에 대한 거센 항의였던 것이다.

그리스 총파업과 시리자의 집권은 우리에게 두 가지 중요한 교훈을 준다. 노동자의 총파업이 강력하게 전개되어야 기존 정치세력의 무능력을 드러낼 수 있고 진보 집권이 가능하다는 것이 첫 번째 교훈이다. 노동자의 요구에 기반한 정책을 추진하지 않고 현실 타협적인 정책을 추진하면 제아무리 진보정권이라 하더라도 노동자의 지지를 유지하지 못해 결국 실권할 수밖에 없다는 것이 두 번째 교훈이다.

8. 여성 노동자 시위와 '세계 여성의 날' 제정

세계 여성의 날은 여성 노동자가 직면한 문제와 여성 노동자의 정치적, 경제적, 사회적 업적을 세계적으로 기념하는 날이다. 1908년 미국의 여성 노동자 1만 5천 명이 대규모 시위를 벌였고, 1975년 유엔에 의해 3월 8일은 세계 여성의 날로 공식 지정되었다.

── 1) 배경

산업혁명과 시민혁명을 거치면서 서유럽 세계는 급속하게 자본주의 체제로 전환하게 되고, 여성들의 지위 역시 크게 달라졌다. 여성은 집안에서 가사 노동만을 담당하던 데서 벗어나 노동계급의 일원으로 자리 잡게 된 것이다.

그러나 자본주의 체제는 여성들에게 남성보다 가혹한 노동 조건을 요구했고, 여성 노동자의 불만은 1857년 미국의 뉴욕시에서 크게 폭발했다. 방직공장, 직물공장에서 일하던 많은 여성 노동자는 열악한 노동환경과 저임금에 항의하는 시위를 벌였고, 곧 경찰에게 해산당했다. 이날이 3월 8일이었다. 2년이 지난 1859년 3월, 이 여성들이 최초로 그들의 노동조합을 결성한다.

—— 2) 전개

여성의 권리와 지위는 여성 노동자의 치열한 투쟁을 통해 점진적으로 확보되었다. 1908년 3월 8일 미국의 여성 노동자 1만 5천 명이 뉴욕 거리에 집결했다. 역사상 유례를 찾기 어려운 여성들의 대규모 시위였다. 이들은 노동시간 단축, 임금인상, 노동환경 개선과 여성 투표권 쟁취를 외쳤다. 당시 여성들은 열악한 작업 환경에서 하루 12시간 이상 노동에 시달려야 했다. 임금은 남성의 절반밖에 되지 않았다. 투표권도 보장받지 못했다.

당시 여성 노동자들은 "우리에게 빵과 장미를 달라"고 요구했는데, 빵은 굶주림을 해소할 생존권을, 장미는 남성에게만 부여했던 참정권을 의미한다. 이 전통이 지금까지 이어져 빵과 장미는 여성 노동자의 투쟁을 상징하게 되었다.

1년 후 미국사회당은 여성의 날을 발표했고, 1910년 덴마크 코펜하겐에서 열린 여성 노동자 국제 콘퍼런스에서 독일 사회민주당 여성부 대표 클라라 체트킨은 여성의 날을 국제 기념일로 제정하자고 제안했다. 17개국에서 온 100명의 여성 대표들은 만장일치로 그 제안에 찬성했다.

1917년 러시아 여성 노동자는 1차 세계 대전에서 200만명 이상의 러시아 군인이 사망한 것을 추모하며, '빵과 평화'를 위한 파업을 시작했다. 러시아 황제는 퇴위를 강요받았고, 임시정부는 여성에게 투표권을 부여했다. 이날 시위도 3월 8일 열렸다.

1914년 3월 8일, 독일에서 게시된 국제 여성의 날 포스터. 이 포스터는 독일 제국에서 금지되었다.

출처 :위키미디아

유엔은 1975년 '세계 여성의 해'로 지정하고, 3월 8일을 세계 여성의 날로 기념하기 시작했다. 유엔은 1977년 3월 8일을 특정해 '세계 여성의 날'로 공식화했다.

우리나라의 경우 1920년부터 나혜석, 박인덕 등이 세계 여성의 날을 기념해 왔으나, 일제의 탄압으로 맥이 끊겼다가 1985년부터 공식적으로 기념하기 시작했다. 이후 2018년 2월 20일 여성의 날을 법정 기념일로 지정하는 내용의 '양성평등기본법' 개정안이 국회에서 통과되었고, 2018년부터 3월 8일이 법정 기념일인 '여성의 날'로 공식 지정되었다.

북한 역시 3월 8일을 '국제부녀절'로 정하고 공휴일로 기념하고 있다. 평양 옥류관을 비롯한 유명 음식점에서 여성 고객을 위한 특별 메뉴나 서비스를 내놓기도 하고, 예술단들이 축하공연을 열기도 한다.

—— 3) 의의

3월 8일은 사회, 경제, 정치 등 전반에 걸쳐 자신의 권리를 쟁취하기 위한 여성 노동자의 치열한 투쟁을 상징한다. 여성 노동자가 얼마나 간절하게 자신의 권리를 위해 투쟁했는지 알 수 있다.

투쟁 없이는 어떤 권리도 쟁취할 수 없다는 것, 자신의 권리는 자신이 투쟁으로 쟁취해야 한다는 것을 세계 여성 노동운동은 잘 보여준다.

나는 노동자다

ⓒ 민플러스, 2023

초판 제1쇄 인쇄 2023년 4월 8일
초판 제1쇄 발행 2023년 4월 15일

글쓴이 | 민플러스 교육원 공저
펴낸곳 | 민플러스
펴낸이 | 김재하
등록 | 2017년 9월 1일 제300-2017-118호
주소 | 44717 서울시 종로구 청계천로 159, 670-2호 (장사동, 세운상가)
전화 | 02-707-0665
팩스 | 02-846-0615
전자우편 | minplus5.1@gmail.com

ISBN 979-11-91593-10-5